CW00501450

1

RÉSILIENCE

Un guide complet, pratique et efficace pour combattre le stress, maîtriser ses émotions et vivre en paix

2 Livres en 1 :

Habitudes Positives : Comment prendre sa vie en main, se fixer des objectifs et les atteindre ... même si cela semble impossible maintenant !

Autodiscipline : L'art et la science de la discipline : comment développer la maîtrise de soi, résister à la tentation et atteindre tous vos objectifs

Vincent Caron

Sommaire

HABITUDES POSITIVES

Comment prendre sa vie en main, se fixer des objectifs et les atteindre...

...même si cela semble impossible maintenant !

Vincent Caron

Introduction : Qu'est-ce qu'une habitude ?

Comme définition générale de l'"habitude", on trouve : "tendance à la continuation ou à la répétition d'un comportement donné, liée à des facteurs naturels ou acquis, et pouvant se référer au concept d'habitude ou d'accoutumance".

Comme l'a dit Aristote : "Nous sommes ce que nous faisons de façon répétitive". Nous sommes donc nos habitudes ou, plus exactement, la somme de nos habitudes.
Une habitude est une action effectuée de manière répétitive et constante. Notre vie, même si nous ne nous en rendons pas compte, est pleine d'habitudes, à la fois positives, comme faire du sport tous les jours ou lire un bon livre, et négatives, comme consommer régulièrement de l'alcool ou fumer.

Et encore, en 1892, William James citait : "Notre vie, dans la mesure où elle a une forme définie, n'est qu'une masse d'habitudes pratiques".
Cette phrase provoque un sourire ironique chez beaucoup de gens, car il est inimaginable de penser réduire notre vie à une série d'habitudes.
En fait, des recherches récentes montrent que nous passons plus de 40 % de notre temps à faire des habitudes, des routines dont nous sommes plus ou moins conscients.

Le thème des habitudes devient de plus en plus populaire ces dernières années, dans le monde de l'auto-assistance et du développement personnel, et de nombreuses recherches sont menées dans ce domaine.

Les habitudes sont si importantes dans notre vie qu'elles ont le pouvoir de changer la structure de notre cerveau. C'est exact : en continuant à répéter une action de manière constante, le cerveau va changer de structure. Cette extraordinaire propriété de notre esprit est connue sous le nom de neuro-plasticité.

Le cerveau forme des connexions neurales à partir d'actions qui sont effectuées de façon répétée chaque jour. En d'autres termes, chaque fois que nous nous comportons de la même manière, quelque chose dans notre cerveau est activé et renforcé. C'est fascinant, et cela contribue à nous inculquer des habitudes positives et saines. Le problème est que, malheureusement, cette dynamique s'applique également aux habitudes négatives.

Pour mieux comprendre d'où viennent ces actions qui, si elles sont répétées quotidiennement, deviennent en pratique nos habitudes, il suffit de penser à la vie d'aujourd'hui. Nous nous adaptons souvent aux modèles que nous voyons autour de nous, parfois sans même nous en rendre compte, nous sommes influencés passivement par eux. Cela peut entraîner de bonnes habitudes, comme se lever tôt le matin ou se coucher à la même heure tous les soirs, maintenir une alimentation équilibrée ou pratiquer son instrument préféré tous les jours.

Le plus souvent, cependant, ce sont les habitudes négatives qui se déclenchent lorsque nous subissons passivement les schémas qui nous entourent : nous nous retrouvons donc à fumer, ou à boire, parce que les membres de notre famille fument, ou parce que les amis de notre entreprise boivent. Ou bien nous acquérons simplement ces mauvaises habitudes parce qu'il nous est interdit de le faire, et puis, croyant revendiquer je ne sais quelle liberté, ou pour sortir des combines et des soucis quotidiens, nous commençons aussi à allumer des cigarettes et à vider des bouteilles.
Bien que cela puisse sembler être une réaction libre, en réalité ce n'est pas du tout le cas, elle est dictée par un modèle de comportement, par un modèle de conduite que nous avons intériorisé. Souvent, nous nous comportons comme des robots programmés pour réagir, au lieu d'agir, sans penser du tout, sur la vague de l'émotion.

Les modèles de comportement que nous suivons peuvent être transmis de génération en génération ou acquis au cours d'une vie. La psychologie nous apprend que les expériences des sept premières années de la vie sont celles qui nous marquent le plus profondément et restent le plus marquées, mais il peut arriver qu'un schéma se développe et s'intériorise à n'importe quelle étape de notre vie.

Les habitudes acquises peuvent changer notre vie pour le mieux et nous aider à réaliser notre potentiel, ou, au contraire, elles peuvent nous piéger dans des modèles de comportement préjudiciables et nous empêcher de nous améliorer et d'élever notre niveau. Dans les prochains chapitres, nous allons explorer tous ces aspects plus en détail.

Les avantages des habitudes positives et responsabilisantes

Les habitudes sont très utiles dans notre vie quotidienne car elles nous permettent de suivre des "schémas" et de ne pas avoir à consacrer du temps et de l'énergie à prendre de nouvelles décisions pour chaque action que nous effectuons. Ainsi, dans notre esprit, réside une structure formée par des habitudes majeures et mineures, certaines positives, d'autres un peu moins. Le cerveau lui-même nous permet de gagner du temps et de l'utiliser pour ce qui est vraiment fonctionnel pour notre vie.

Essayons donc d'imaginer les innombrables avantages d'une série d'habitudes saines et correctes qui pourraient améliorer notre existence, nous rendre plus heureux et plus sains. Par exemple, nous devrions dormir chaque jour le temps nécessaire, le nombre d'heures que nous pensons puisse nous permettre de nous sentir reposés et prêts à affronter la journée avec détermination.

Le sommeil est essentiel et thérapeutique, surtout si nous voulons être réveillés, prêts et prendre les bonnes décisions. Et encore une fois, avant de manger, nous devrions nous demander si nous avons vraiment faim. Souvent, en fait, nous avalons de la nourriture même si nous n'avons pas faim, ou par ennui ou nervosité, sans nous rendre compte que nous avons peut-être simplement soif. En nous posant cette question, nous permettons au corps d'éviter un travail d'élimination coûteux, et de rester plus agile et léger, comme le corps lui-même voudrait l'être.

Cela ne signifie pas que nous devons nous contrôler ou nous restreindre chaque fois que nous voulons grignoter, mais simplement etre plus conscients de nos véritables besoins. Nous en tirerons sans aucun doute des sentiments de bien-être étonnants.

Une autre habitude saine et fonctionnelle pour obtenir de bonnes récompenses est de se récompenser de différentes manières. En regardant attentivement à l'intérieur de nous-mêmes, en nous demandant quels sont nos besoins et nos désirs réels, nous entamons un processus qui nous permet de nous redécouvrir lentement, en y puisant de nombreuses possibilités d'être complets et heureux avec nous-mêmes. Il est important, de temps en temps, de se donner un prix, une récompense, de se regarder dans le miroir et de se dire : "Tu as vraiment bien fait, félicitations !", "Je n'ai jamais pensé que je pouvais le faire, mais me voilà, je suis un gagnant !" Et en être vraiment convaincu. Cela stimulera la motivation en nous, et le désir de faire toujours mieux.

Au contraire, si parfois nous ne sommes pas satisfaits de la manière dont nous avançons vers notre objectif

- par exemple, un jour nous sommes extrêmement paresseux - mettons en place un système de sanctions personnelles, qui nous stimulera à faire mieux et à continuer. C'est important, car la mise en œuvre de sanctions personnelles contribue à générer de la douleur, du mécontentement, lorsque nous manquons la cible. Par exemple, imposons-nous de résister à ce délicieux dessert qui nous attend dans le réfrigérateur après le dîner, et nous nous y livrerons demain, car aujourd'hui il n'est pas du tout mérité.

Le bonheur, en général, est une conséquence du fait d'être utile aux autres et de donner aux autres la meilleure version de soi-même. Il est donc bon de s'habituer à être dans le contexte où vous êtes le plus utile, en fonction de vos compétences, attitudes, connaissances. Cela conduira sans aucun doute à des résultats positifs et à une augmentation du bonheur, le nôtre et celui des autres.

Selon les neuroscientifiques, plusieurs des actions que nous répétons chaque jour et qui sont toujours les mêmes, presque codifiées, ont l'effet bénéfique de réduire l'anxiété et l'agitation. Ainsi, se lever à la même heure chaque jour, aller au travail, envoyer un SMS à un ami avant de se coucher, sont quelques exemples d'actions habituelles qui peuvent améliorer notre bien-être psychophysique. Dans le contexte de la vie moderne, qui est de plus en plus compétitive et performante, les rituels et les moments que nous nous taillons, ou par exemple les habitudes rassurantes d'un couple, assument une fonction protectrice fondamentale qui nous protège du stress et des turbulences.

Cela étant dit, nous comprenons l'importance des habitudes quotidiennes. Prenons l'exemple de la nature, en particulier du monde animal. De nombreux animaux sauvages, dont les pingouins et les loups, deviennent monogames et habitués lorsqu'ils s'accouplent. C'est une façon pour eux de mettre l'accent sur leur intimité et de faire face plus efficacement aux menaces extérieures, ou de satisfaire leurs besoins fondamentaux, tels que la recherche de nourriture. La routine devient ainsi un cercle protecteur, une forme enveloppante et fonctionnelle.

Dans la vie d'aujourd'hui, on pourrait comparer la routine à notre "tran tran" quotidien. Mais en fin de compte, quel est le but de cette routine, ou "tran tran" ? De nos jours, la concurrence, la vitesse et l'efficacité nous mettent sous pression, il est presque impossible d'y échapper. Dans une telle atmosphère de vie, le "tran tran" est comme un biorythme protecteur, presque maternel, qui fournit une base solide pour entreprendre tout ce que la vie exige de nous, et pour faire face avec succès aux nouveautés et aux changements.

Répéter une action, un mouvement, un certain "schéma", c'est trouver son propre rythme dans la vie, qui est subjectif, différent pour chacun, comme s'il s'agissait de son propre souffle, qui soulage l'inquiétude. Devant constamment faire face à des changements et des événements inattendus qui nous mettent à l'épreuve, des tensions, de nouvelles craintes et angoisses peuvent surgir, qui peuvent même aggraver celles qui existent déjà.

De plus, dans le tourbillon de changements dans lequel nous sommes aspirés, et dans la tentative de nous adapter, de nous modeler aux demandes venant de l'extérieur, il n'y a pas moyen de regarder en nous, d'écouter les émotions, de les traiter et de transformer ainsi l'agitation en quelque chose de positif, comme la créativité ou l'énergie positive pour faire face aux nouveaux défis.

Comme mentionné ci-dessus, ces habitudes, ou routines, produisent de réels bénéfices sur le plan psychophysique. Notre métabolisme atteindra un plus grand équilibre en suivant une routine. Examinons cela plus en détail. Une surabondance de stimuli rapides et répétés bombarde le cerveau, augmentant le stress et les niveaux de cortisol, ce qui, à long terme, peut sérieusement endommager les circuits cérébraux, augmenter l'agitation, détériorer la mémoire et la capacité d'apprentissage, et même réduire la taille de l'hippocampe.

Si, en revanche, nous nous donnons des rythmes quelque peu monotones, sans brusques torsions et changements, l'organisme en bénéficiera, en stimulant une production équilibrée de l'hormone de croissance HGH. Un effet très positif est d'augmenter le métabolisme des graisses, ce qui permet à l'organisme de retenir le glucose et donc de réduire la production excessive d'insuline, une hormone qui déclenche le désir de manger, même si en réalité notre corps n'en a pas besoin. Les routines et les bonnes habitudes équivalent également à l'équilibre du cycle de la dopamine et de la sérotonine, hormones qui jouent un rôle central dans la libération de quantités de mélatonine, et par conséquent dans l'alternance correcte du cycle veille-sommeil.

Les avantages des routines pour la santé mentale sont remarquables. Tout d'abord, la routine donne un sens à la vie. Ce n'est pas un hasard si les personnes qui suivent une routine sont plus motivées dans tout ce qu'elles font. On pourrait qualifier ce premier avantage de significatif.

Ensuite, la structure. Savoir à l'avance ce qui nous attend nous aide certainement à être prêts pour diverses éventualités, à avoir moins d'anxiété et a donc ressentir un effet rassurant sur nous. Il est également vrai que la pratique, avec le temps, rend parfait. La routine, au sens d'une pratique quotidienne constante, nous rend de plus en plus efficaces, car nous perfectionnons les activités que nous faisons normalement. Un autre avantage est donc l'efficacité.

Pensez aussi au sentiment d'accomplissement qui découle du fait de bien faire une tâche et de la mener à bien. On pourrait appeler cela une dynamique de sentiment. Étant donné qu'avec le temps, la réussite d'une tâche deviendra également une habitude intrinsèque, il sera de plus en plus facile d'atteindre les objectifs, ce qui nous poussera de plus en plus à nous améliorer. Presque comme un élan de vie.

Parlons maintenant des priorités : la routine donne la priorité à ce qui compte vraiment. En fait, en développant une routine faite d'habitudes saines, nous prenons en considération nos besoins, nos principes, et en général ce qui nous fait sentir bien, en excluant les aspects qui ne nous concernent pas. Savoir distinguer les aspects qui sont importants pour nous, et écarter le superflu, ce à quoi nous ne voulons pas consacrer notre temps, est important pour atteindre nos objectifs de vie et notre épanouissement personnel.

Et enfin, parlons des habitudes saines. Si nous voulons mener une vie saine, il devient essentiel de suivre une routine. Faire quelque chose chaque jour nous aide à créer un rituel, un ordre, qui devient une partie intégrante de notre modus vivendi, dans lequel nous pouvons nous retrouver et trouver notre équilibre.

Arrêtons-nous également sur la phrase "le bonheur n'est pas l'absence de problèmes, c'est la capacité à les gérer". Si nous appliquons cette phrase à la vie de tous les jours, nous constatons que nous faisons généralement face à la quantité de problèmes qui se posent simplement en mettant en œuvre des solutions efficaces, qui ne sont rien d'autre que la répétition de ce que nous faisions des jours ou des semaines auparavant. Des solutions que nous connaissons déjà et que nous avons testées avec notre expérience personnelle, en fin de compte, sont aussi des habitudes.

Enfin, les habitudes et les routines sont des lignes directrices pour l'apprentissage. Lire, parler ou marcher demande des efforts et de la persévérance, car les compétences avec lesquelles nous naissons ne sont pas toutes innées. C'est par l'habitude et la répétition que nous sommes capables de perfectionner un grand nombre de compétences très utiles qui profitent à notre vie et à notre bien-être.

De nos jours, par exemple, une qualité largement appréciée est la créativité, qui n'est bien sûr pas propre aux personnes qui mènent une vie aventureuse ou ont un esprit désorganisé, et qui n'est pas non plus exclusivement innée. Dans une certaine mesure, on peut apprendre le don de la créativité et travailler sur des techniques qui permettent de trouver des solutions créatives. La pratique et l'habitude sont le moyen d'y parvenir.
Nous citons George Bernard Shaw : "La vie ne consiste pas à se trouver soi-même, mais à se créer soi-même".

Nous comprenons donc combien de connotations négatives que nous attachons à l'expression "vie routinière" sont en fait fausses. La façon dont nous vivons la routine, dont nous en profitons, dépend entièrement de nous. Comme déjà mentionné, il est donc essentiel de savoir organiser son temps, d'établir des priorités, de savoir distinguer l'utile du futile, l'avantageux du nuisible, et de favoriser les compétences nécessaires.
Tout cela implique des efforts et du travail, mais une fois que vous aurez trouvé les bonnes habitudes pour

vous, la voie du bonheur sera ouverte. Par contre, être toujours à la recherche de la nouveauté peut garantir la satisfaction à court terme, mais à long terme, cela devient fatigant, donc ce n'est pas recommandé.

Comment accroître votre motivation, votre énergie et votre dynamisme

Nous avons mentionné le nombre d'activités que nous entreprenons et qui, avec le temps, deviennent des habitudes, exigent des efforts et de la persévérance de notre part. À cet égard, voyons comment nous pouvons trouver davantage de motivation pour agir, à la fois en nous-mêmes et dans notre entourage.

La motivation est la raison, ou l'ensemble des raisons, de mettre en œuvre des comportements, des actions, pour agir. Avec une intention pour nous importante, un désir, un but clair et précis vers lequel aller, rien ne peut nous arrêter, sauf précisément la perte de motivation elle-même. Souvent, nous avons tendance à nous fatiguer rapidement des choses que nous entreprenons, à nous décourager, à être inconstants, mais il est possible de remédier à tout cela en nous donnant une discipline et en suivant quelques stratégies simples mais efficaces. C'est étrange, mais souvent nous sommes plus motivés pour faire des choses pour les autres, plutôt que pour nous-mêmes et pour notre vie, peut-être aussi à cause de la mentalité dans laquelle nous avons été élevés et éduqués.

Ou bien nous faisons quotidiennement les choses plus par devoir que par plaisir, et cela nous laisse très peu d'énergie résiduelle à canaliser dans des projets personnels ambitieux, qui nécessitent évidemment du temps, des choix justes et conscients et une motivation suffisante.

Commençons par dire qu'il n'est pas facile de toujours trouver la motivation nécessaire pour atteindre un objectif. Il y a ces jours où nous voulons simplement nous allonger sur le canapé pour manger une collation et envoyer des SMS au téléphone, ou peut-être que nous n'avons pas la bonne humeur et la force d'esprit pour sortir de la maison et aller travailler. Nous avons tous eu des jours comme celui-ci.

Heureusement, il existe des actions concrètes et immédiates qui peuvent nous aider à contrer immédiatement le manque de motivation. Ces actions, si elles sont maintenues dans le temps, deviendront des habitudes positives et fonctionnelles pour atteindre nos objectifs.

La première action, la plus simple, est de commencer. Il suffit de faire le premier pas. Aussi fatigant que cela puisse paraître, une fois que vous avez commencé, il est plus facile de continuer, même si vous n'avez pas la moindre envie de commencer à faire quelque chose. Comme le dit le proverbe, "l'appétit vient en mangeant", on pourrait donc dire à cet égard que "la volonté de faire vient en faisant, en travaillant".

Si vous n'avez pas envie de vous entraîner, mettez vos baskets, faites votre sac et sortez de la maison. Si vous n'avez pas envie de travailler sur votre thèse, allumez votre ordinateur et commencez à taper les premières lignes. La seule chose à ne pas faire est de se mettre a penser car si nous nous attardons à penser et que nous sommes déjà démotivés au départ, le cerveau ne trouvera que de grandes raisons pour continuer à ne pas faire ce que nous devrions déjà faire. Si nous commençons simplement, tout le reste suivra.

Il est également utile de se fixer un délai strict. Si vous craignez de ne pas pouvoir mener à bien une tâche et que le temps presse, il est utile de vous fixer un délai ambitieux.

Ainsi, le peu de temps qu'il reste et le sentiment d'urgence donneront une impulsion significative à notre motivation, comme s'il y avait un compte à rebours en cours. Il est clair que cette échéance doit être à notre portée, ce qui nous aidera à rester concentrés sur notre objectif, et à ne pas en faire trop. Cette norme minimale à remplir chaque jour doit être respectée, et il est essentiel de continuer à travailler de manière cohérente. Si, pour une raison quelconque, nous constatons que nous ne satisfaisons pas cette norme, nous devons nous organiser à temps pour rattraper notre retard.

Les objectifs quotidiens fixés doivent être définis et inspirants, stimulants, mais toujours réalisables. Si nous continuons dans la direction établie avec succès, nous pouvons oser en demander un peu plus chaque jour, cela deviendra progressivement un processus naturel, qui nous fera grandir et mûrir dans la connaissance et la maîtrise de soi.

En ce qui concerne ces objectifs, nous pouvons mettre par écrit le "pourquoi" de nos objectifs, c'est-à-dire décrire le véritable but de cet objectif, sinon il sera dénué de sens et ne sera probablement pas atteint. Prendre une feuille de papier et commencer à énumérer les dix raisons pour lesquelles nous voulons atteindre les objectifs fixés peut être utile, surtout si nous avons perdu la motivation qui nous animait au départ. Essayons d'imaginer à quel point nous nous sentirons satisfaits une fois la ligne d'arrivée franchie, ce que nous aurons réellement accompli, comment les autres nous féliciteront. Nous trouverons alors sans doute l'envie de nous remettre au travail.

Si nous estimons que ces objectifs sont trop ambitieux, nous pouvons adopter la stratégie consistant à les décomposer en actions d'une demi-heure ou d'une heure chacune. Un grand objectif peut prendre des mois, voire des années, à atteindre, il est donc facile de s'en écarter. Essayons donc de décomposer l'objectif en actions de plus en plus petites jusqu'à ce que nous trouvions une action que nous puissions faire immédiatement et terminer en une heure ou moins.

Autre mise en garde : nous ne sommes pas pressés d'atteindre nos micro- ou macro-objectifs, nous ne précipitons pas les choses. Comme nous le savons tous, au début d'un projet, ou dès que nous nous fixons un nouvel objectif, notre motivation est à son comble, mais elle commence très tôt à baisser. Si nous voulons maintenir le niveau de motivation initial constant, essayons de ne pas précipiter les choses, mais de procéder par petits pas. Comme dans un marathon : on ne commence pas par se précipiter et perdre toute son énergie dans les 5 premiers kilomètres. Commençons progressivement et économisons l'énergie pour les étapes suivantes. De cette manière, nous répartirons notre forte motivation de départ dans les étapes suivantes.

Et pourquoi ne pas placer une image positive pour nous rappeler notre objectif tant convoité à une place de choix ? Cela peut être utile pour rappeler immédiatement l'objectif, presque comme un pont, et pour retrouver la motivation perdue. La perte de motivation peut résulter d'un oubli momentané de notre objectif. Ainsi, le fait d'avoir l'image qui nous rappelle notre objectif, agit comme un puissant "rappel". Nous pouvons placer ces images fonctionnelles à côté de notre lit, sur le réfrigérateur comme un post-it, sur la couverture de notre agenda ou sur le mur à côté du miroir du couloir.

Nos objectifs sont importants pour nous. Une autre méthode utile pour leur réalisation est donc de les partager et d'en parler aux personnes importantes dans nos vies, celles devant lesquelles nous ne pouvons pas nous permettre d'échouer, parce que nous voulons leur estime et leur approbation, nous ne voulons pas les décevoir, et elles seront toujours prêtes à nous soutenir dans les moments de découragement où nous perdons notre ténacité.

N'oublions pas non plus de tenir un registre de nos progrès afin de maintenir notre motivation. Il sera très stimulant de voir un calendrier avec beaucoup de "x" pour indiquer que nous nous sommes rapprochés de notre objectif. Cela créera un cercle vertueux. Chaque jour que vous marquez un "x" sur le calendrier, votre motivation augmente, et laisser un jour sans "x" créera un sentiment de déséquilibre et d'inconfort, qui vous poussera à rester constant.

Nous en arrivons maintenant à un autre élément clé pour atteindre des objectifs tels que la formation d'une bonne habitude : l'attention. En ce sens, notre attention est primordiale. Nous devons rester concentrés sur ce que nous voulons réaliser, et nous devons donc nous entraîner à rester à l'écoute, à obtenir les résultats que nous voulons dans le temps imparti. Il faut environ 10 minutes pour accorder toute notre attention à la tâche à accomplir et, en général, au bout de 50 minutes, le seuil d'attention baisse pour tout le monde. Il faudra ensuite faire une pause d'au moins 10 minutes supplémentaires pour ramener notre attention sur la tâche à accomplir.

Il est donc bon d'éliminer les distractions autour de nous, les bavardages inutiles au travail, les courriers électroniques non urgents, les messages, les visites d'amis et de parents, bref tout ce qui n'est pas absolument urgent. Évitons également de nous engager dans le multitâche, ce qui aurait pour effet de déplacer le centre de notre attention.

Établissons le meilleur moment et le meilleur environnement pour commencer et essayons de couper tout ce qui ne peut pas être remis à plus tard. Apprenons à dire non à quelques engagements ou loisirs qui se présentent sur le chemin du but, afin d'orienter l'attention sur les choses imminentes et fonctionnelles vers le résultat à atteindre. Essayons d'organiser et de gérer notre temps de la meilleure façon possible, par exemple en établissant un horaire quotidien ou hebdomadaire. Cela nous aidera à maintenir la motivation active, car de temps en temps, nous trouverons l'achèvement de micro-objectifs, qui mèneront finalement à l'achèvement de macro-objectif.

Efforçons-nous de rester concentrés sur notre objectif pendant au moins 5 minutes par jour. La concentration et l'action sont les deux ingrédients fondamentaux de la réussite.

Écoutons la musique que nous aimons, ou la musique énergisante qui nous donne l'énergie, et en attendant, formons-nous à matérialiser dans notre esprit comment il sera possible d'atteindre le succès, dans les plus petits détails, la joie et la satisfaction, les bénéfices qui en découleront. Les paroles de notre chanson préférée ou l'émotion du film que nous aimons peuvent nous motiver à agir. Un film peut contenir un message d'inspiration fort qui peut catalyser la motivation sur notre chemin vers le succès.

Arrêtons-nous pour réfléchir aux sentiments qui en découlent et les extrapoler d'une manière qui nous soit utile, en nous demandant, "pour atteindre mon objectif, dans ma situation actuelle, comment puis-je procéder ?

Faisons des recherches sur les émotions, écoutons nos sentiments et, surtout, concentrons-nous sur le bonheur. Le bonheur apporte une énergie positive qui nous aide à poursuivre nos objectifs. La première décision importante est d'être heureux, puis vient le reste.

Restons concentrés sur la beauté du monde qui nous entoure et émerveillons-nous devant elle. Cela aidera l'esprit à maintenir un état positif. Imaginons comment nous pouvons nous-mêmes contribuer à cette beauté. Pour prolonger ce bonheur, nous passons plus de temps que d'habitude à sourire tout au long de la journée. Lorsque nous sourions, nous nous sentons automatiquement mieux dans notre peau et, par conséquent, dans le monde qui nous entoure, car nous améliorons notre disposition envers les autres et les gens nous acceptent mieux.

Concentrons-nous également sur l'abondance qui nous entoure, elle est partout. Plus nous pouvons voir l'abondance autour de nous, plus nous pouvons apprécier ce que nous avons déjà, et les petites choses qui composent le tout. Nous montrons notre gratitude pour les circonstances et les événements de notre vie, même si cela ne semble pas toujours possible, ou ne semble pas avoir de sens, par exemple lorsque quelque chose de mal arrive. Cependant, la gratitude nous aidera à ouvrir notre esprit et à le rendre prêt à toute opportunité et éventualité, afin que nous soyons encore plus forts et plus adaptables.

Le secret pour profiter pleinement des opportunités est de se concentrer uniquement sur l'ici et maintenant, le moment présent. Oublions les problèmes, les angoisses ou les craintes, car ce n'est que de cette manière que nous pourrons rester concentrés sur ce qui compte le plus, sur ce que nous faisons, pendant que nous le faisons.

Tout d'abord, il est fondamental de décider de se sentir bien dans sa peau. Changer notre attitude face à la vie, décider d'être enthousiaste, excité, ouvert à la nouveauté et surtout positif. Choisissons tout d'abord de nous sentir bien dans notre peau, de ne pas abandonner devant les obstacles, malgré les difficultés, choisissons d'être positifs en toutes circonstances, et de faire ce qui nous fait sentir bien - au fond de nous, nous savons ce qui est bon pour nous et ce qui ne l'est pas. Le reste suivra.

Parlons de l'énergie. L'énergie d'agir et de réussir, nous la trouvons autour de nous, dans les images et les modèles de motivation, mais avant tout en nous. Nous devons donc catalyser et libérer l'énergie. Il est clair que nous ne pouvons pas toujours avoir la bonne charge pour nous motiver à faire quelque chose, mais nous pouvons en un sens prétendre être motivés, même physiquement.

Nous trompons nos esprits en agissant comme si nous étions vraiment énergiques et enthousiastes, et cela donnera l'impulsion nécessaire à une action de changement décisive. La puissance de la prétention que nous exerçons envers nous-mêmes peut être d'une grande aide pour le corps et l'esprit, c'est comme si l'état dans lequel nous prétendons être pouvait devenir plus facilement réalité.

Une fois que nous sommes dans la bonne "humeur", nous améliorons vraiment notre énergie, y compris d'un point de vue physique concret. Tout d'abord, respirons profondément et concentrons-nous sur notre respiration. La respiration du ventre transforme notre état physiologique et nous met dans une condition idéale de pensée et de détente.
Faisons donc attention à la façon dont nous respirons pendant la journée, si le rythme est régulier ou non, et respirons profondément, souvent nous arrêtons la respiration ou nous n'expirons pas profondément et retenons l'air en nous, ce qui génère de la tension. Pratiquons le stretching, le yoga ou tout autre exercice simple, comme marcher plus vite et plus droit, pour nous aider à nous éloigner d'une posture paresseuse et avachie. Nous remarquons les changements qui s'opèrent en nous et dans notre vie en faisant attention à notre physiologie, en faisant des mouvements doux et sereins, moins mécaniques, et pourquoi pas, insouciants, petit à petit.

Passons plus de temps avec les enfants et les animaux, jouer avec eux, interagir avec eux aidera l'esprit à se détendre, et à se débarrasser des tensions et des pensées négatives, les libérant vers le monde extérieur, et aussi à libérer des étincelles de créativité inattendues. Lorsque l'esprit est déchargé, il se détend et est plus ouvert aux opportunités. Jouer et plaisanter nous rend donc inspirés, créatifs et génère de nouvelles possibilités, peut-être des solutions auxquelles nous n'avions jamais pensé.

Nous nous aimons et nous nous louons pour ce que nous sommes, ce que nous pouvons faire, et dans les moments difficiles, nous réfléchissons à nos succès passés. Nous pouvons fouiller dans notre passé, dont nous avons tiré des leçons utiles, pour trouver la force dont nous avons besoin maintenant. Faisons une sorte de liste mentale des expériences, même difficiles, que nous avons vécues et surmontées, des succès que nous avons obtenus, et réfléchissons à la manière de les utiliser positivement à l'avenir si nous sommes limités par la peur de faire des erreurs et de ne pas réussir, si nous perdons l'élan initial, le désir de faire. Tournons-nous donc vers le passé, puis vers l'avenir, passons un peu de temps chaque jour à visualiser, à imaginer comment notre avenir sera heureux et plein de possibilités, et à profiter des sensations qui en résulteront.

L'esprit a besoin d'images concrètes et stimulantes pour savoir où il doit vous mener, sinon il sera perdu et difficile à diriger. L'esprit peut être un outil puissant, mais il peut aussi se retourner contre nous, nous devons donc savoir comment le diriger correctement. Il est clair qu'il n'existe pas de manuel pour chaque situation sur la manière de le faire, mais nous devons au moins essayer de le faire, de la manière qui nous convient le mieux, même en nous fiant à notre instinct.

Nous nous aimons nous-mêmes, alors transformons aussi notre image, prenons soin d'elle. Choisissons une robe qui nous donne confiance en nous et nous fasse sentir agréable quand nous la portons, changeons de coupe ou de couleur de cheveux, si nous en avons envie. Souvent, notre reflet dans le miroir influence la perception que nous avons de nous-mêmes. Ainsi, si nous nous considérons comme beaux et séduisants, nous changeons notre façon de penser sur nous-mêmes, nous nous auto-évaluons, nous augmentons notre estime de soi et, par conséquent, la façon dont nous progressons vers nos objectifs.

Les influences extérieures sont également cruciales. Nous faisons de notre mieux pour éliminer l'influence de nos pairs et des personnes avec qui nous traînons qui doutent régulièrement de nous, et nous gardent "les pieds sur terre", nous entraînant presque vers le bas au lieu de nous laisser décoller. Ces personnes nous retiennent et nous démotivent, parfois aussi parce qu'elles ne voient pas en elles-mêmes une image de réussite, qu'elles ne veulent pas non plus la voir en nous, qu'elles se sentiraient autrement envieuses et frustrées, ou qu'elles craignent de ne plus jouir de notre considération exclusive.

Nous choisissons les bonnes personnes pour nous entourer, celles qui nous encouragent et nous poussent à voir le positif, à grandir. Evitons ceux qui nous laissent dans le doute, sans jamais nous donner de confirmation, et surtout les membres de la famille qui se plaignent, sans avoir à nous sentir coupables si nous leur consacrons moins de temps. Nous sommes aussi, dans ce sens, un peu égoïstes, pour nous faire du bien.

Si nous réalisons que nous n'avons pas encore suffisamment de volonté pour poursuivre nos objectifs par nous-mêmes, nous pouvons aussi engager un coach de vie comme guide, un professionnel peut en fait nous mettre sur la bonne voie jusqu'à ce que nous soyons prêts à continuer avec nos propres ressources.

Les idées pour une plus grande volonté dans la poursuite des objectifs que nous avons vues jusqu'à présent sont généralement assez faciles à comprendre et à appliquer. Toutefois, ce n'est pas parce qu'elles sont faciles qu'elles seront alors moins efficaces. Les stratégies les plus élémentaires peuvent souvent mieux fonctionner que toute stratégie de motivation complexe ou planifiée. Essayons donc de ne négliger aucune des stratégies vues jusqu'à présent, toutes sont utiles lorsqu'on les additionne. Il peut sembler qu'au début, elles ne contribueront pas à augmenter les niveaux de motivation, mais à long terme, elles le feront.

Nous risquons de perdre notre motivation si nous ne voyons pas de résultats immédiats. Qu'est-ce qui nous fait vraiment perdre notre motivation ? Des objectifs de bas niveau qui ne nous inspirent pas assez, ou le fait de ne pas savoir comment nous motiver de la bonne manière?. Ainsi, pour gagner dans la vie personnelle et professionnelle, nous avons besoin d'un objectif réel, de qualité, bien formulé, évalué et réfléchi qui apporte un réel bénéfice, dans tous les sens du terme. Nous avons besoin de ressources et de possibilités concrètes pour atteindre cet objectif, alors analysons-nous et analysons la situation dans son ensemble. Enfin, nous avons besoin de mettre en place les bonnes stratégies, les stratégies simples dont nous avons parlè plus tôt.

Réfléchissons y et demandons-nous : notre objectif présente-t-il ces caractéristiques ? Est-ce qu'il nous emmène dans la bonne direction de satisfaction, de joie, de bien-être, de succès, ou est-ce que la simple pensée de cela nous cause de l'anxiété, de l'inquiétude, de la douleur, un sentiment instinctif que quelque chose ne va pas, que c'est forcé ? Ce sont des considérations importantes à faire, avant même de commencer.

En prenant soin de notre énergie vitale, nous pouvons acquérir une plus grande volonté de faire et donc réaliser nos résolutions avec plus de succès. Par nature, nous devrions toujours être en bonne santé et énergisés, mais souvent, même si nous sommes en bonne santé, nous ressentons en nous des vibrations de faible énergie. C'est parce que nous dépensons parfois de l'énergie pour des activités inutiles ou peu utiles, ou parce que les choses et les gens qui nous entourent nous enlèvent de l'énergie dans notre vie quotidienne. N'est-il pas vrai que certaines personnes semblent nous recharger d'énergie positive, tandis que d'autres semblent presque nous l'enlever, nous laissant aussi vides que des piles mortes ? Plus que d'augmenter notre énergie, il s'agirait d'éliminer ce qui la bloque, et d'augmenter notre présence énergétique. La première étape consiste donc à éliminer les blocages et les obstacles qui entravent la libre circulation de notre énergie.

Évitons ce qui diminue notre énergie, comme une alimentation déséquilibrée, les émotions négatives, le stress et l'utilisation incorrecte et irrationnelle de notre esprit - en pensant toujours au pire, aux problèmes, etc. Nous devons comprendre les causes sous-jacentes de ces comportements et les éradiquer. Ce processus nous amènera à un niveau de conscience plus élevé.

Nous arrivons maintenant au corps : celui ci est le temps de l'âme, et il est fortement connecté à l'esprit et à la raison. Au-delà de l'activité physique habituelle, nous devons prêter attention à la nutrition, qui est fortement liée à la qualité de vie. Essayons de nous nourrir correctement, pas seulement de manger. La nourriture elle-même est de l'énergie, alors demandons-nous : quelle est la qualité énergétique de la nourriture que nous absorbons ? Nous sommes ce que nous mangeons. Essayez de comparer l'énergie d'un fruit juteux fraîchement cueilli à celle d'un morceau de viande rôtie provenant d'un animal mort. Quels aliments auront la meilleure qualité énergétique ? De plus, en raison de l'environnement pollué dans lequel nous vivons, nous absorbons, en plus de la nourriture, diverses substances toxiques qui nous affaiblissent.

Par conséquent, nous devons essayer de nettoyer et de détoxifier le corps pour augmenter l'énergie vitale, en prenant des produits naturels qui alcalinisent le corps et favorisent le drainage des toxines. Parmi tous les organes, le foie est celui auquel il faut accorder une attention particulière et qu'il faut purifier, car il a le rôle de filtre qui expulse les substances toxiques de l'organisme. Parmi les remèdes naturels les plus utilisés à cette fin, on trouve les fleurs de Bach et les huiles essentielles.

Parlons maintenant de l'esprit. C'est un outil puissant, car il peut détruire ou créer, nous rendre libres ou asservis. La pensée génère la matière, et donc la réalité. En plus des bons aliments, nous devrions donc aussi nous nourrir de pensées positives, écouter davantage les affirmations positives et enraciner fortement la pensée positive en nous, de sorte à en devenir nous-mêmes une source. Le pouvoir de la parole est énorme, et nous pouvons consciemment l'utiliser à notre avantage. Évitons donc les pièges comme les jugements hâtifs ou les plaintes inutiles, car ils entraînent des dépenses d'énergie inutiles. Cessons de nous juger nous-mêmes, avant tout, et de juger les autres, et acceptons sagement les situations telles qu'elles sont. Essayons d'embrasser en nous même ce que nous n'aimons pas tant, et commençons à le transformer en quelque chose de beau. Soyons plus gentils, plus généreux et plus compréhensifs.

Les concepts d'âme et d'esprit sont assimilés. L'esprit renferme nos qualités intérieures, qui sont une partie souvent négligée par nous, pas suffisamment écoutée, aussi parce qu'elle est cachée, et cela nous éloigne souvent de notre véritable "moi". Mais si nous voulons la retrouver, et retrouver notre conscience intérieure, nous devons nous reconnecter à la source de notre énergie. Ce n'est pas un concept trop abstrait ou "spirituel" : en prenant simplement le temps de méditer, nous pouvons puiser dans notre source intérieure. Il existe de nombreuses disciplines utiles à cette fin, telles que l'acupuncture, le yoga, le reiki et la thalassothérapie

L'importance de l'image de soi dans la formation d'habitudes durables et efficaces

L'image de soi que nous transmettons avec notre façon d'être, de nous comporter, d'entrer en relation, est fondamentale car elle détermine qui nous sommes et comment nous sommes aux yeux des autres, et donc en fin de compte notre niveau de réussite sociale. Nous savons à quel point la réussite sociale et la réalisation d'un "symbole de statut" sont importantes aujourd'hui. Même si nous ne nous en soucions pas trop, nous sommes toujours influencés par elle, c'est indéniable. Ainsi, dans nos rencontres et nos échanges quotidiens, nous essayons de donner une image positive de nous-mêmes, et inversement, dans nos jugements et nos actions, nous nous basons sur l'impression que les autres nous donnent d'eux.

Mais pourquoi nous soucions-nous autant de l'impression que nous donnons aux autres ? Tout d'abord, parce que transmettre une bonne image de soi permet de gagner la sympathie et l'acceptation des autres, d'accéder à une meilleure qualité de vie et à d'autres avantages, tant sociaux que matériels. En outre, présenter une image positive provoque des réactions favorables chez les gens, ce qui renforce notre estime de soi et conduit à l'acceptation mutuelle, à notre intégration, favorisant l'établissement d'une société pacifique et harmonieuse.

Nous communiquons donc à partir de notre image, elle atteint les gens avant même nos mots, l'image est donc une partie fondamentale de la communication humaine. Nous devons prendre soin de notre image pour mieux réussir notre communication.

L'image de soi est la façon dont nous nous voyons. Elle se forme dès la petite enfance, lorsque l'enfant, s'il est correctement soigné et nourri par ses parents, commence déjà à développer une image positive de lui-même, l'amour de soi et une bonne estime de soi. Sinon, s'il est négligé, l'enfant développera un sentiment de mépris et de malaise envers lui-même, et l'image de soi se développera de manière négative.

Cependant, l'image de soi est transformée et façonnée tout au long de la vie, en raison des succès et des échecs rencontrés, et en fonction du comportement et des réactions des autres à notre égard.

L'image de soi est, comme son nom l'indique, une image, un simulacre, de sorte qu'elle ne correspond pas toujours à l'image réelle. Les deux images, celle qui est perçue - ou transmise - et celle qui est réelle, se rapprocheront d'autant plus que le niveau d'estime de soi et d'efficacité que nous possédons sera élevé et consolidé.

Il n'est pas nécessaire d'expliquer grand-chose sur l'estime de soi. En ce qui concerne l'auto-efficacité, nous pouvons la définir comme la confiance qu'une personne a dans ses capacités, dans la possibilité de réussir dans ce qu'elle fait, de réussir, d'être un gagnant.

L'auto-efficacité dépend étroitement de nombreuses variables, notamment du résultat optimal des situations problématiques auxquelles nous avons été confrontés précédemment et de l'état de bien-être qui en découle, des expériences réfléchies, c'est-à-dire du fait d'avoir vu d'autres personnes affronter des situations difficiles et en sortir avec succès, des perceptions de soi dans un sens positif et également de la capacité à s'imaginer déjà réussir dans des situations difficiles et éprouvantes.

Comment cette perception de nous-mêmes va-t-elle influencer notre comportement ? Tout d'abord, elle affectera nos émotions, comme l'anxiété. Les personnes ayant un faible sentiment d'auto-efficacité perçoivent un grand nombre de situations comme stressantes pour elles, et ont tendance à exagérer les problèmes et les dangers qu'elles rencontrent dans leur environnement.

Deuxièmement, les décisions : les personnes ayant une faible auto-efficacité ont moins confiance en elles, elles ont donc tendance à limiter l'éventail de leurs activités et objectifs possibles, car elles pensent avoir peu de chances de réussir, donc elles veulent aussi réduire les chances d'échec. Avant tout - et cela renvoie au thème principal de notre texte - la perception de nous-mêmes conditionne nos motivations, et donc la volonté de former et de maintenir une bonne habitude.

Selon la façon dont nous percevons notre auto-efficacité, nous travaillerons avec plus ou moins de ténacité dans l'accomplissement d'une tâche, et nous serons également plus ou moins résilients, c'est-à-dire capables de surmonter les échecs et de réparer nos erreurs, sans être accablés par le découragement. Comment savoir se remettre sur pied après une chute. En bref, les personnes moins efficaces ont moins confiance en elles, elles abandonnent donc plus facilement face aux obstacles.

D'autre part, les personnes qui ont un sens plus élevé de leur propre efficacité se fixent davantage d'objectifs et ont plus de chances de les atteindre que les personnes qui ont un sens moins élevé de leur propre efficacité.

Notre perception de nous-mêmes et de notre auto-efficacité sera également directement proportionnelle à notre bien-être, à la façon dont nous nous sentons bien dans notre peau et en nous-mêmes. Il est évident que cela a également des répercussions sur la perception que les autres ont de nous, et donc les personnes les plus appréciées, qui suscitent la sympathie et un jugement positif unanime sont celles qui, avant tout, s'aiment, ont de l'estime et de la confiance en soi, sans jamais frôler l'arrogance. Par leur attitude, ils donnent également plus de confiance à leur entourage.

Il faut dire, cependant, qu'il n'est pas facile de comprendre le "vrai moi", car depuis notre venue au monde, nous nous modelons à la société et à l'environnement, ce qui nous amène à porter des masques, donc à nous éloigner de plus en plus de notre noyau. Nous pouvons changer d'attitude, ou même prétendre à une autre personnalité, selon la situation, le but à atteindre, l'"usage" que nous devons faire de nous-mêmes.

Il n'est donc pas important que l'image que nous avons de nous-mêmes soit authentique, mais qu'elle soit fonctionnelle à la réalisation de nos valeurs, de nos idéaux et de nos intentions. Attention cependant : le mot "vrai" a un sens positif, par opposition au sens négatif de son opposé, "faux". Il y a donc des gens qui créent et entretiennent une image irréelle d'eux-mêmes, déclenchée par une vision de ce qu'ils devraient idéalement être.

En proposant toujours au monde cette fausse image d'eux-mêmes, ils finissent par se détacher complètement d'eux-mêmes et de leur véritable noyau, qui est la clé du bonheur, puisqu'il faut être en contact avec lui et l'écouter.

Chez ces sujets, l'image qu'ils se "racontent" finit par être très différente de celle que les autres ont, de sorte que lorsqu'ils reçoivent des réactions et des jugements de leur part, ils ont tendance à ne pas les reconnaître, à ne pas les accepter et à réagir de manière défensive.

Comme nous l'avons déjà mentionné, une haute estime de soi est le résultat d'une courte distance entre le moi réel et le moi idéal, c'est-à-dire que ces derniers coïncident presque, la personne a une conscience de soi, peut plus facilement comprendre ce qu'elle veut et donc atteindre ses objectifs.

Les personnes ayant une grande estime de soi font également preuve de plus de persévérance pour se consacrer à une activité qui les passionne et pour atteindre un objectif qu'elles désirent ardemment, comme l'acquisition d'une habitude avantageuse, tandis qu'elles font preuve de moins de détermination dans une activité qui les intéresse moins et dans laquelle elles ont donc moins investi.

Ils savent aussi mieux minimiser un éventuel échec, et se lèvent plus rapidement pour se consacrer à de nouvelles activités qui les aident à oublier et à reprendre les rênes de leur vie.

Contrairement à ceux qui ont une faible estime de soi. Ils entreprennent des activités avec peu de participation et d'enthousiasme, ce qui entraîne bien sûr une démoralisation facile, un découragement, une perte d'intérêt pour l'objectif initial et donc une faible probabilité de le réaliser.

Les personnes ayant une faible estime de soi auront tendance à esquiver les situations les plus insignifiantes, si elles sentent le risque d'échec, sont plus vulnérables et ont constamment besoin d'un soutien extérieur.

Ils abandonnent facilement face à l'échec, ou s'ils sont influencés par une opinion contraire à ce qu'ils pensent. Face aux critiques, ils sont également très sensibles et cèdent rapidement à des sentiments de déception et d'amertume. Mais pourquoi se détermine- t-il cet écart entre les personnes qui ont une grande estime de soi et une bonne évaluation d'elles-mêmes, et les personnes qui ont une faible estime de soi et qui s'évaluent négativement ?

L'attribution de jugements par autrui, le fameux "miroir social". L'opinion que les autres ont de nous contribuera à former la maniere dont nous nous auto-definissons. Puis, toujours par rapport aux autres, le processus de comparaison sociale : cette comparaison donne lieu à une évaluation, pas toujours heureuse, de nous-mêmes.

Enfin, l'auto-observation, qui coïncide en partie aussi avec la comparaison sociale. Nous nous définissons d'abord à partir de nous-mêmes, mais aussi en étant conscients des différences entre nous et les autres. Chacun s'observe et s'interprète soi-même et les autres, formant une "théorie du soi" visant à maintenir son estime de soi.

Les idéaux d'un individu peuvent également affecter l'estime de soi, en particulier de manière négative s'ils sont trop ambitieux et hors de leur portée. Les gens prennent des décisions et se déplacent sur la base d'idéaux : lorsqu'ils perçoivent un fort décalage entre leur état actuel et leur objectif idéal, ils tentent de réduire ce décalage en adoptant certains comportements.

Ils forment ensuite des "plans idéaux" qui guident leurs comportement ; certains de ces plans sont liés à des habitudes concrètes, comme la décision d'aller à la salle de sport trois fois par semaine, ou au cours de peinture.

D'autres plans sont liés à des idéaux plus abstraits, comme le désir de devenir une personne plus active, de réduire sa paresse ou de développer sa créativité. L'essentiel est que l'écart entre notre situation actuelle et celle que nous souhaitons idéalement engendrer génère des émotions négatives, une tension à apaiser, c'est pourquoi nous sommes enclins à combler ce décalage perçu.

Réfléchissons donc non seulement à la manière dont l'image et la perception de soi affectent la formation des habitudes, mais aussi à la manière dont, à l'inverse, certaines mauvaises habitudes affectent négativement l'image que nous nous faisons de nous-mêmes.

L'estime et le respect de soi sont affectés par une série de distorsions dites cognitives : la tendance à développer des idées arbitraires, sans réelle confirmation dans la réalité objective, les généralisations excessives à partir d'un seul cas, la maximisation des effets négatifs d'une action réalisée ou, autrement, mais avec le même résultat, la minimisation des effets positifs, et autres.

Examinons quelques stratégies utiles pour accroître l'estime de soi. L'amélioration de la maîtrise de soi, par exemple. L'augmentation de nos compétences en matière de résolution de problèmes : plus nous parviendrons à résoudre des problèmes, plus nous aurons confiance en nous et en nos ressources.

L'habitude de se parler à soi-même par sa voix intérieure, ce qu'on appelle le "self-talk", aide à l'estime de soi, en envoyant des messages positifs à notre esprit, qui seront influencés positivement comme notre perception de soi.

Travaillons également sur notre style d'attribution, rendons-le plus objectif afin que, par exemple, nous ne nous attribuions pas par erreur des événements ou des situations défavorables qui n'ont rien à voir avec nous.

Qu'est-ce qui peut encore influencer, surtout de manière négative, l'image de soi ? Tout d'abord, des jugements sur notre corps, notre apparence. Souvent, nous pouvons les percevoir comme une attaque directe contre nous-mêmes, ou il peut arriver qu'une personne, afin de se débarrasser de ses caractéristiques physiques ressenties comme inacceptables, nous les attribue, donnant lieu surtout à l'attribution d'étiquettes ou de surnoms désagréables. Il est évident qu'une personne constamment exposée à des influences et des jugements négatifs de ce type commencera à se distinguer. Juger l'apparence physique est donc une attitude aussi répandue que déplorable, qu'il faut éviter car elle peut avoir des répercussions très profondes et néfastes.

L'esprit est comme une lentille : le jugement de soi et de son apparence passe par cette lentille, qui peut changer, déformer, élargir ou rétrécir ce qu'elle observe. Il est donc fondamental de s'habituer à neutraliser les visions déformées qui ne nous permettent pas de nous aimer tels que nous sommes. Selon les résultats d'une étude américaine, les réseaux sociaux et Facebook favorisent l'augmentation de l'estime de soi. Cependant, une utilisation exagérée et inconsidérée conduirait au narcissisme et à d'autres pathologies. Nous comprenons combien il est important d'améliorer notre image de soi si nous voulons réussir à changer positivement nos habitudes. Des habitudes positives et bien établies mènent au succès.

Mais comment améliorer notre image ? Est-il possible d'améliorer l'image que l'on a de soi-même ? Tout d'abord, nous ne devons pas avoir une seule image de nous-mêmes, mais nous devons en avoir plusieurs, et les distinguer en fonction des situations et des tâches qui se présentent.

Par exemple, si nous estimons que nous ne sommes pas très bons dans certaines tâches, ne nous démoralisons pas, nous serons certainement meilleurs dans d'autres tâches. Nous ne devons pas garder une image généralisée de nous-mêmes, comme un échantillon applicable à tous les cas de la vie. Nous devons également tenir compte des circonstances objectives dans lesquelles nos performances négatives ou notre échec se sont produits, ce dont nous ne sommes pas très fiers, sans nous précipiter vers des conclusions hâtives et approximatives. Parfois, il suffit de définir quelques petits objectifs pour améliorer le soi et ses faiblesses pour changer positivement la perception de soi. Comme nous l'avons déjà dit, nous procédons à partir de petits objectifs jusqu'à aller vers des objectifs de plus en plus grands.

Examinons un exercice mental que nous pouvons faire pour améliorer notre image de soi. Créons un espace qui nous est propre, où nous pouvons nous mettre à l'aise, sans être dérangés, et commençons à respirer profondément, lentement, pour atteindre un état de relaxation. Au fur et à mesure que cela s'approfondira, nous constaterons que notre esprit sera de plus en plus clair, laissant place à une imagination libre. Imaginons qu'une copie de nous-mêmes se matérialise devant nous, la plus belle copie que nous puissions concevoir et qui reflète notre "moi" le plus authentique, ce qui rehausse la pureté, les couleurs, voire la taille, si l'image était trop petite et indéfinie.

L'image que nous avons créée, en bref, doit correspondre exactement à ce que nous voudrions être. À ce stade, abandonnons lentement le sentiment de joie totale que nous procure le fait de ne faire qu'un avec cette image vraie et bienheureuse de nous-mêmes. De cette image de nous-mêmes, nous observons la posture, les vêtements, le ton de la voix, l'interaction avec les autres, comment elle se déplace dans l'espace, comment elle fait face aux problèmes, et surtout quels sont ses objectifs, comment elle se tient face à ces objectifs.

Lorsque ce scénario sera clair dans nos esprits, presque tangible, avançons pour entrer en communion avec ce "moi" authentique. Entrons en lui et regardons à travers ses yeux, parlons par sa bouche, écoutons avec ses oreilles, en sympathisant et en essayant de ressentir ce que nous serions si nous possédions vraiment ces qualités.

Laissez ce sentiment nous pénétrer concrètement, en dépassant la barrière du corps, et restez quelques minutes dans cet état. Nous concluons en réfléchissant à la manière dont notre vie changerait pour le mieux si nous apprenions vraiment à vivre plus authentiquement, comme notre "moi", avec lequel nous venons d'entrer en contact. En examinant une situation ou un problème sous cet angle nouveau, tout s'améliorerait certainement. Imaginez que vous appliquiez cette perspective non seulement à l'avenir, mais aussi au passé et surtout au présent.

Comment créer une habitude à partir de zéro et la conserver dans le temps

Nous avons beaucoup parlé des habitudes. Mais comment prendre une habitude à partir de zéro ? Les dernières recherches affirment que les habitudes se forment en associant une situation à une action, et en répétant cette action spécifique plusieurs fois dans cette situation spécifique, jusqu'à ce que l'action devienne automatique. Nous nous rendons compte que l'action, ou le comportement, est devenu automatique lorsqu'il présente certaines caractéristiques, telles que l'efficacité, l'involontaire, et le manque de conscience et de contrôle.

Les habitudes peuvent être imaginées comme un cycle composé de trois phases : il y a d'abord un signal, ou stimulus de départ, qui dit à notre cerveau de se mettre en "mode automatique" et d'utiliser, d'exécuter une certaine habitude. Ensuite, il y a la routine, qui peut être physique, mentale ou émotionnelle. Enfin, il y a la réponse - qui, si elle est positive, est une récompense - qui indique au cerveau si ce cycle comportemental spécifique est utile ou non à retenir et à appliquer à nouveau à l'avenir. Ce cycle devient de plus en plus automatique, inconscient, avec sa répétition au cours du temps, de sorte que le stimulus et la récompense se confondent, générant un fort sentiment d'anticipation, comme si nous anticipions déjà la récompense rien qu'en pensant au stimulus initial, et puis donc l'habitude naît.

Des expériences et des recherches ont permis de tirer des conclusions, que nous ne pouvons cependant pas considérer comme des vérités scientifiques absolues, mais qui ont influencé tout le discours et la littérature ultérieure. Par exemple, des conclusions ont été tirées sur le temps qu'il faut pour prendre une nouvelle habitude. En particulier, avec les expériences du chirurgien plasticien Maltz, qui a pratiqué des opérations sur ses patients, puis à partir de 1950 a commencé à observer leur adaptation à leur nouvelle condition physique. Les conclusions de Maltz ont été compilées dans un livre, qui est rapidement devenu un best-seller et a influencé toutes les opinions ultérieures sur l'auto-assistance et les experts dans des domaines similaires. L'essentiel de ces observations est qu'il faut environ 21 jours pour s'adapter à un changement, et donc pour prendre de nouvelles habitudes. Une grande confusion a été créée : il a été établi qu'il fallait 21 jours pour prendre une nouvelle habitude, alors qu'en fait, Maltz prétendait qu'il fallait un minimum de 21 jours.

Cette croyance s'est ensuite répandue dans la société et dans la pensée commune. Pourquoi ce "mythe" de 21 jours s'est-il répandu si efficacement ? Probablement parce que la période était suffisamment courte pour être stimulante, et suffisamment longue pour être réalisable, plausible. Les gens ont donc été séduits par l'idée d'apporter un changement majeur à leur vie, comme une bonne habitude, dans un laps de temps relativement court.

Afin de comprendre réellement quelle était la réponse scientifique à la question de la formation d'une nouvelle habitude, de nombreuses autres études ont été menées par des chercheurs, purement basées sur l'observation du comportement de groupes de personnes, et il est apparu qu'il fallait en fait en moyenne 66 jours avant qu'un nouveau comportement ne devienne automatique. De plus, elle n'était pas du tout objective, et était prise avec un grain de sel, car le temps pouvait évidemment varier en fonction du comportement, des circonstances, de l'individualité de la personne.

Au fond, il n'était plus logique d'essayer de propager l'idée qu'une nouvelle habitude pouvait être créé en peu de temps, si l'on voulait fixer des attentes concrètes. La vérité, en fait, est qu'il nous faut de 2 à 8 mois pour prendre une nouvelle habitude, le délai est très variable et indéfinissable, mais il ne consiste certainement pas en 21 jours !
En cette période, nous devons trouver la bonne inspiration pour nous lancer dans le long voyage du changement. Nous pouvons envisager quelques bonnes raisons pour lesquelles il vaut la peine de commencer cette recherche, avant de nous laisser démotiver par la perspective du long terme.

Partons du principe que s'habituer au changement n'est pas facile, cela demande de la volonté et la décision de s'impliquer, c'est un chemin lent. Il n'y a donc aucune raison de déprimer si, après quelques semaines d'essai, nous ne voyons pas de résultats concrets et que l'activité entreprise n'a pas encore pris l'habitude de se faire. Nous devons simplement revoir notre façon de penser et accepter que le processus sera plus long que prévu. Ne nous battons pas et ne nous jugeons pas négativement, aussi parce qu'il n'est pas nécessaire d'être parfait. Acceptons donc qu'il nous faille repousser notre échéance initiale, et comprenons ainsi que les habitudes sont un processus, et non un événement qui se produit juste comme ça, de nulle part, ou par chance. Il faut embrasser le chemin, travailler dur, et dans certains cas même utiliser une technique adaptée et appropriée.

La seule façon d'arriver à la ligne d'arrivée est alors de commencer par le premier jour, simplement, de se concentrer sur le travail à faire "hic et nunc", et de ne pas déjà fantasmer sur la fin, pris dans la précipitation ou l'impatience d'y arriver.
Les chercheurs ont fait une découverte intéressante : lorsque nous adoptons le comportement que nous nous sommes fixé, le fait de commettre des erreurs n'affecte pas de manière significative le processus de formation de la nouvelle habitude, contrairement à ce que l'on pourrait attendre. Il importe peu que nous commettions des erreurs dans le processus de formation ou de changement d'une habitude, en partie parce que ce n'est certainement pas un

processus simple et que notre esprit comprend qu'il faut compter avec les erreurs.

Même sauter la pratique pour l'obtention de la nouvelle habitude pendant un jour ou deux de plus ne compromettait pas les résultats, les chercheurs n'ont remarqué aucun changement significatif. Sauter une semaine de pratique, cependant, réduirait considérablement la probabilité de continuer et de maintenir le comportement dans le temps, et donc de former l'automatisme.

Si nous voulons adopter un nouveau comportement qui, répété dans le temps, conduit à la naissance d'une nouvelle habitude bénéfique, nous pouvons suivre quelques règles, de précieuses astuces psychologiques.

Mettons notre plan par écrit et faisons un effort pour le suivre. Cela nous permettra de gagner immédiatement en clarté, en définissant les aspects, le calendrier et les délais de notre objectif.

Si tout est clair dans notre esprit à l'heure actuelle, nous pouvons nous mettre au travail avec plus de détermination. En outre, il est plus difficile de renoncer à une promesse écrite qu'à une vague pensée. Nous pouvons presque établir une sorte de contrat entre nous et le but.

Il est également utile de créer une routine. Les habitudes sont des comportements apparemment simples, mais en réalité ils sont complexes, et ils sont mis en mouvement par des stimuli activants spécifiques, comme nous l'avons vu plus haut. Le stimulus d'activation fonctionne comme le conditionnement utilisé dans la célèbre expérience de Pavlov sur les chiens. Par exemple, le son du réveil pourrait être le stimulus déclencheur que nous nous imposons lorsque nous voulons nous lever tôt le matin. En bref, nous devons décider quel stimulus activateur associer au début de l'habitude que nous voulons intérioriser. Chaque fois que cette stimulation "démarrera", nous serons conditionnés à agir. Par exemple, nous pourrions sélectionner une chanson rock ou un minuteur sur notre téléphone portable comme stimulus "déclencheur". En répétant ce processus dans le temps, le stimulus influencera automatiquement le comportement établi.

Gardons nos efforts simples. La simplicité sera donc une autre astuce pour réussir, car il est évidemment plus facile de réaliser des tâches simples. Par exemple, fixons-nous comme objectif de faire une course d'une demi-heure à l'air libre chaque matin, plutôt que de faire des pompes, des redressements assis et des accroupissements planifiés. Réduisons le nombre de règles que nous devons suivre. Le plan doit être simple, mais en même temps détaillé, sans être générique ni prêter à confusion, afin que les obstacles potentiels soient pris en compte au préalable.

Enfin, une autre règle précieuse coïncide avec la "théorie du remplacement", c'est-à-dire que si nous ne pouvons vraiment pas éliminer une mauvaise habitude, nous pouvons la remplacer par une nouvelle habitude positive simple. On voit ainsi le cas très fréquent des personnes qui se rongent les ongles. C'est une habitude désagréable, à la fois parce qu'elle nous fait paraître peu sûrs et nerveux aux yeux des autres, et parce qu'elle rend nos ongles et nos mains laids. Pour ces personnes, il sera très difficile d'arrêter complètement cette habitude, mais vous pouvez la remplacer en appliquant du vernis à ongles.

Cela dit, voyons quelques idées intéressantes pour de nouvelles habitudes à adopter, afin de mettre en pratique et d'expérimenter les conseils vus jusqu'à présent : lire plus de livres, se réveiller - et se lever ! - tôt le matin, faites de l'exercice, de la méditation ou du yoga, arrêtez de regarder la télévision et passez des heures à tripoter inutilement votre téléphone portable.

Et une fois avoir acquis une habitude saine, comment la conserver dans le temps ? Paradoxalement, les vices que nous avons tous, et que nous voudrions éliminer, sont ancrés et très difficiles à abandonner ; mais quand il s'agit de vouloir maintenir des habitudes bénéfiques pour notre vie, tout devient plus fatigant et demande des efforts. Cela est dû à la faiblesse de l'esprit humain, qui préfère les vices qui procurent un plaisir immédiat mais non durable - et qui peuvent aussi causer des dommages à long terme - au lieu de s'efforcer de conserver de bonnes habitudes, car il n'en voit pas l'intérêt immédiat, de sorte qu'il choisit clairement la voie la plus facile. Si nous réalisons que nous sommes incapables de transformer de bonnes intentions ou de bons comportements en actions de routine, nous devrons alors recourir à des techniques pour briser la barrière de l'autosabotage et de la procrastination, qui nous empêche de progresser dans notre développement personnel.

Recourons alors à l'esprit qui, comme nous le savons, est un merveilleux outil qui nous vient également en aide, et il le fait avec la routine ; en fait, en s'efforçant de maintenir une habitude spécifique pendant un certain temps, jour après jour, jusqu'à un mois, par exemple, le cerveau va inclure cette habitude dans notre routine quotidienne, en créant des connexions neurales utilisées pour renforcer et répéter ce comportement, qui deviendra automatique. Ainsi, le simple fait d'introduire l'habitude dans notre routine est la première étape fondamentale pour commencer ou maintenir une bonne intention.

Il est essentiel de procéder à de petits changements étape par étape. Par exemple, si nous ne faisons du sport que deux ou trois fois par semaine, nous pourrions nous forcer à le faire tous les jours de la semaine, de sorte que cela deviendrait tellement automatique que nous finirons par prendre le sac et nous rendre au gymnase sans même nous en rendre compte.
Nous cherchons chaque jour une alternative. En d'autres termes, si nous ne pouvons ou ne voulons pas répéter une habitude tous les jours, mais que nous voulons quand même qu'elle s'intègre dans notre vie, ne prenons pas de jours de congé où nous ne faisons absolument rien. Il ne devrait pas y avoir un tel déséquilibre entre les jours où l'on fait beaucoup de choses et les jours où l'on paresse, que cela détournerait dangereusement l'attention du but

de l'habitude. Nous choisissons plutôt une activité similaire et complémentaire pour remplacer l'activité principale.

Nous pouvons également faire participer d'autres personnes, des amis ayant les mêmes intérêts, pour pratiquer et maintenir la bonne habitude avec nous. Nos amis ne seraient certainement pas heureux de nous voir manquer un rendez-vous, c'est pourquoi nous avons également ajouté l'élément de responsabilité et d'engagement envers quelqu'un d'autre, ce qui nous motivera à maintenir notre habitude et à ne pas céder à la paresse. En outre, certaines activités peuvent être plus amusantes à faire en compagnie qu'en solitaire.

Créons également une liste de bonnes habitudes que nous voulons pour nous-mêmes, et faisons-les toujours l'une après l'autre, en suivant un schéma d'activités enchaînées. Intégrons les premières et dernières activités du modèle dans notre routine pendant un certain temps, afin qu'il soit facile de commencer et de terminer. Entre ces deux routines, nous décidons d'insérer toutes les autres à notre guise : pendant la journée, nous pouvons décider de déjeuner, de vérifier nos e-mails, d'étudier, avant de nous préparer pour le dîner et d'aller au lit. Mais si un jour nous voulons faire une pause dans nos études, nous pouvons passer directement à l'étape suivante, ou la remplacer par une autre activité plus légère, l'important, comme nous l'avons mentionné plus haut, est de ne pas rester assis à ne rien faire. La succession d'activités insérées entre les deux activités quotidiennes fixes, facilitera le cerveau à former des associations (fini, ou sauté cette étape, on passe à la suivante).

Nous adaptons également la formation et le maintien des habitudes à notre subjectivité. Nous ne sommes pas tous pareils, nous adopterons donc des styles différents, en fonction également de notre tendance naturelle à accepter ou à rejeter les attentes internes et externes. Il existe également des types d'alouettes et de hiboux. Les premières se réveillent toujours tôt le matin et commencent à produire, tandis que les hiboux ont du mal à se carburer et sont plus productifs le soir.

Notons bien qu'aller au lit au plus tôt à trois heures du matin ne signifie pas que nous sommes des hiboux. Il se peut que nous considérions la soirée comme l'une des rares occasions de profiter de la vie, peut-être après une journée de travail insatisfaisante, et que nous voulions donc passer la soirée dehors et refuser de nous coucher tôt. La bonne façon de distinguer et de classer est simplement de se surveiller et de déterminer quand nous produisons le plus pendant la journée.

Notre environnement joue également un rôle central dans le maintien des habitudes, ou dans l'èchec de cet accomplissement. Un environnement peu inspirant ou qui nous influence négativement peut détruire nos bonnes habitudes, mais heureusement, cela ne s'applique pas seulement aux bonnes habitudes, mais aussi aux mauvaises.

Il est plus facile de changer notre environnement que nous-mêmes, mais cela détermine aussi dans une large mesure notre comportement et notre façon d'agir, c'est pourquoi nous devons d'abord commencer par nous-mêmes pour changer. Il est clair que nous ne pouvons pas remplir notre réfrigérateur de malbouffe et de sucreries si nous envisageons de commencer un régime, ni aller chez des amis en nous entraînant dans une situation similaire.

Par exemple, si nous estimons que l'environnement nous est préjudiciable et ne nous permet pas de décoller, nous pourrions décider de changer radicalement notre environnement, par exemple en déménageant dans une nouvelle maison ou dans une autre ville, et profiter de la situation pour construire notre propre nouvelle routine indépendante. Ou bien nous pouvons voyager pour ouvrir notre esprit à de nouvelles perspectives jamais imaginées auparavant, pour les ramener avec nous dans notre vie normale. Cependant, ce mécanisme de "révolution" a l'inconvénient d'être très gourmand en énergie, et donc non viable à long terme. Il convient parfaitement à ceux qui ont imposé des objectifs clairs et structurés à atteindre en peu de temps ; les changements peuvent toutefois devenir durables.

66

Comment construire un rituel matinal pour développer la discipline et la positivité tout au long de la journée

Un rituel matinal est le rituel de la sérénité et se compose d'une série d'activités préétablies qui visent à accroître la conscience de soi et de la réalité, de notre avenir idéal, et aussi à vider la tête de ses soucis. La routine du matin vous permet de bien commencer la journée, tout d'abord pour les bénéfices à court terme, tels que l'amélioration de votre humeur, de votre motivation, de votre sérénité, précisément parce que le rituel soulage vos soucis et vide votre esprit, améliore l'énergie et l'autodiscipline. Et puis, il y a les avantages à long terme : d'une part, s'efforcer de maintenir la routine tous les jours - ou presque - demande de la discipline, mais d'autre part, à long terme, cela est récompensé par une plus grande liberté, car lorsque vous avez une routine quotidienne en accord avec vos valeurs, votre conscience de ce que vous voulez réaliser augmente ; à long terme, cela vous aidera donc à atteindre plus facilement vos objectifs. Une fois que nous aurons atteint nos objectifs, si nous les avons choisis judicieusement, notre liberté augmentera automatiquement.

Elle accroît également notre tranquillité d'esprit et notre estime de soi. Si nous n'avons pas de routine, si nous commençons la journée de manière si "aléatoire", en menant des actions de manière presque désinvolte, toute une série d'échéances s'accumuleront, de choses non faites ; au début, les reporter nous fait du bien, parce que nous nous sentons libérés d'un fardeau, mais à la longue, les échéances se répéteront, et les choses devront inévitablement être faites de toute façon, et donc nous ne serons pas du tout calmes et sereins.

Comme nous devons suivre le rythme souvent frénétique de la vie, beaucoup d'entre nous se réveillent le matin et se précipitent dehors pour prendre un café au petit déjeuner. Il s'agit sans aucun doute d'une routine de faible qualité, qui ne nous fait pas commencer la journée du bon pied, en fait, elle n'est même pas définissable de loin comme une routine !

Cependant, chaque jour, au réveil, nous pouvons choisir de changer nos habitudes paresseuses et de donner un tournant positif à la journée, de changer les choses et de nous recharger en énergie.

Mais qu'est-ce qu'un rituel ? Et pourquoi est-il utile ? Le rituel est un acte, ou un ensemble d'actes, accompli selon des règles codifiées. Il a trait à la religion et au sacré, c'est donc une chose à laquelle on doit se consacrer avec dévotion, qui ne peut être négligée et qui doit être pratiquée régulièrement. Par exemple, les moines de l'Himalaya pratiquent cinq rituels matinaux pour se maintenir en bonne santé : il s'agit de simples exercices physiques qui agissent sur les glandes endocrines pour réactiver et normaliser le mouvement de rotation, en harmonisant le flux d'énergie et les éventuels déséquilibres hormonaux. Mais les rituels ne sont pas seulement des pratiques de nature ascétique ou sportive, ce sont des mécanismes de formation d'habitudes, qui nous conduisent au résultat souhaité par la répétition systématique d'un certain chemin, qui est le rituel lui-même.

Il est assez évident de comprendre l'utilité d'un rituel du matin, donc nous n'avons pas besoin d'études scientifiques pour légitimer sa positivité. Nous n'avons pas besoin de théorie, car le bon sens suffit à nous motiver à entreprendre un rituel matinal sain.
Un exemple simple suffira : dans le premier cas, nous nous réveillons, et dès que nous ouvrons les yeux, nous sommes déjà en train de vérifier notre téléphone portable, presque aveuglés par la lueur de l'écran, encore à moitié endormis. Notre esprit sera déjà bombardé de courriels, de notifications et d'engagements divers. Puis on se lève, on allume la télé et on regarde les nouvelles, pleines de crimes, de trafic et de tout le reste.

Nous sommes déjà en retard pour une réunion, alors nous nous précipitons à la porte d'entrée, sans même prendre de petit déjeuner ou un verre d'eau.
Dans le second cas, nous réglons le réveil une demi-heure plus tôt que d'habitude, et une fois réveillés,

nous passons quelques minutes à contempler le silence et la tranquillité du matin, à méditer les yeux fermés et à nous concentrer sur notre respiration, sur nos pensées. Ensuite, nous allons à la cuisine pour préparer un smoothie de fruits de saison, et pendant que nous le dégustons, nous mettons par écrit nos objectifs pour la journée.

Ce n'est qu'après toutes ces étapes que nous sortons enfin notre téléphone portable pour vérifier les notifications et les textes. Nous quittons alors la maison, et ayant encore du temps avant de nous rendre au travail, nous décidons de prendre la route qui traverse le parc.

Maintenant, demandons-nous lequel des deux "rituels" sera le meilleur moyen de commencer la journée : la réponse est évidente. Mais si nous nous demandons lequel des deux rituels est le plus proche de notre matinée typique, la réponse sera probablement le premier rituel, le pire des deux.

Toutefois, ce n'est qu'à nous de choisir de changer, si nous le voulons, nous le pouvons, de sorte que la marge d'amélioration est large et réalisable. Si nous réfléchissons au nombre de milliers de matins supplémentaires que nous allons nous réveiller dans notre vie, nous réalisons qu'il vaut peut-être la peine de commencer dès maintenant pour rendre nos journées meilleures et plus productives.

Comme mentionné dans l'introduction de ce livre, "nous sommes ce que nous faisons de façon répétitive". Et nous pourrions ajouter à cela :

"l'excellence n'est donc pas dans l'action, mais dans l'habitude".

La création d'un rituel matinal pour nous-mêmes, incluant l'exercice et la méditation, ainsi que la lecture et l'écriture, nous aidera à vivre pleinement nos journées, en nous donnant un équilibre que nous n'avons jamais connu auparavant. De plus, en adoptant une série de pratiques, nous profiterons pleinement des premières heures de la journée, les plus précieuses ; en effet, comme nous le savons, "le matin a de l'or dans sa bouche".
Si, comme beaucoup de gens, nous sommes habitués à ne jamais nous coucher avant deux heures du matin, ce sera un net changement d'habitudes, mais cela en vaudra certainement la peine si nous voulons vraiment commencer à prendre soin de nous-mêmes et à construire consciemment notre avenir.

Toutes les personnes qui réussissent ont en commun d'avoir des rituels, qu'elles pratiquent avec une dévotion "religieuse". Outre certaines activités courantes, telles que le repos, le sommeil et le travail, il en existe d'autres, comme l'exercice et l'habitude de se lever tôt le matin, beaucoup plus tôt que d'autres, pour se livrer à des activités créatives. Cette dernière habitude, en particulier, s'accumule chez tous les millionnaires qui réussissent, ainsi que l'habitude d'apprendre quelque chose tous les jours, et de se concentrer profondément sur une chose et sur la manière de la réaliser.
Venons au sommeil. Sans un bon repos, il est impensable de vivre pleinement sa journée.

Lorsque nous avons peu d'énergie, les choses tournent mal et il ne vaut plus la peine de continuer ; il vaut mieux s'arrêter, faire une pause et puis recommencer. Il est préférable de s'arrêter, de faire une pause et de recommencer. C'est pourquoi nous pouvons parfois accepter de sauter le rituel, ou de le réduire partiellement. L'important, c'est qu'il y ait de la joie dans ce que nous faisons : réveillons-nous le matin pour vivre.

Nous nous demandons probablement maintenant en quoi consiste une routine matinale : il n'y a pas de réponse unique, tout dépend de nos besoins subjectifs. Le rituel peut consister en quelques gestes simples, ou en des habitudes plus complexes. L'important, c'est qu'il fasse son travail en nous faisant sentir plus alertes et plus productifs le matin, et qu'il nous donne l'énergie nécessaire.

Voyons quelques exemples génériques d'habitudes matinales pour avoir une idée. Se réveiller 10 minutes plus tôt que d'habitude et méditer. Ou bien, réveillez-vous 30 minutes plus tôt que d'habitude, faites un peu d'exercice pendant 10 à 15 minutes, puis dressez une liste de vos objectifs de la journée par ordre d'importance.

Ou encore, se réveiller une heure plus tôt que d'habitude, lire pendant 20 minutes, noter quelques idées créatives, ou pourquoi pas, simplement dessiner, puis boire un smoothie aux fruits frais et enfin mettre par écrit l'objectif le plus important de la journée.

Si nous voulons vraiment révolutionner le début de la journée, nous pouvons aussi nous réveiller à 6 heures du matin, méditer pendant 10-15 minutes, faire de la gymnastique ou des étirements pendant 10 minutes, boire le smoothie habituel ou un verre d'eau, et encore faire une liste d'objectifs pour la journée.

Le rituel du matin peut aussi consister en des gestes simples qui nous mettent de bonne humeur en début de journée, comme jouer avec notre chien ou notre chaton avant de quitter la maison, mais nous devons surtout nous concentrer sur les actions qui nous sont vraiment bénéfiques pour la journée : pour les identifier, nous devons essayer différentes options au fil du temps.

Veillez également à éliminer les distractions. Si nous voulons prendre soin de notre bonheur, nous devons refuser les nouvelles, les courriels et les textes qui arrivent trop tôt le matin. De telles distractions érodent la sérénité naturelle du matin, nécessaire pour exercer sa gratitude et gagner de l'attention.

Continuons donc à voir des exemples de rituels matinaux, cette fois-ci plus en détail.

- Boire de l'eau. Il est essentiel de maintenir notre corps et surtout notre esprit hydraté en commençant la journée avec un bon verre d'eau. En fait, lorsque nous sommes éveillés, nous passons rarement de nombreuses heures sans boire ; lorsque nous nous levons le matin, nous avons passé 6 à 8 bonnes heures sans eau potable, il est donc important de pourvoir à ce besoin immédiatement. On peut aussi boire de l'eau chaude et du citron, pour alcaliniser les cellules du corps et le maintenir à une température stable.

- Prendre un petit déjeuner nutritif. La plupart des gens prennent leur petit-déjeuner le matin, mais le corps et les besoins nutritionnels de chacun sont différents. Il ne suffit donc pas de consommer le petit déjeuner habituel composé de yaourt, de lait ou de céréales. Nous devrions faire diverses tentatives pour comprendre quels aliments pris au petit déjeuner nous donnent plus d'énergie, nous alourdissent moins, bref, trouver le régime alimentaire du matin le plus adapté à notre organisme. La règle qui s'applique à tous est d'éviter les aliments trop sucrés et artificiels, et d'essayer des aliments simples à forte teneur énergétique. Quelques idées pour un petit déjeuner sain : deux œufs à la coque, une tranche de pain protéiné, des fruits de saison et une tasse de thé. Ou encore un yaourt grec allégé, du gruau complet, un fruit et une tasse de café.

- Faire de l'exercice. Nous avons déjà mentionné à plusieurs reprises son importance. Faire de l'activité physique le matin n'enlève rien mais donne de l'énergie, à condition bien sûr de ne pas faire d'efforts excessifs. Rien de compliqué, il suffit de faire quelques minutes de pompes, un peu de yoga ou un jogging en plein air en écoutant de la musique. Avec le bon type d'exercices, cela ne prend que vingt minutes. Par exemple, en pratiquant des exercices de haute intensité, tels que l'aérobic, les sauts, les fentes et les squats, plus de zones du corps seront activées en même temps, ce qui nous fera gagner du temps et de la santé.

- Profiter du silence. L'importance thérapeutique du silence est remarquable dans un monde où nous sommes constamment exposés au bruit de la ville, de la circulation, de la télévision, des téléphones portables, etc. De simples moments de pur silence peuvent nous aider à nous vider l'esprit pour la journée à venir.

- Méditer. La méditation a déjà été mentionnée dans les paragraphes précédents. Certaines personnes sont sceptiques quant à l'idée de méditer, probablement parce qu'elle est associée au monde spirituel et au New Age. En réalité, la méditation apporte des avantages considérables, comme le confirment de nombreuses personnes qui la pratiquent régulièrement et avec succès. La méditation est tout simplement le silence, le calme et la concentration réunis, et il est pratiquement indéniable que cette combinaison est bénéfique pour tous. Qui n'en profiterait pas ? Si nous avons des doutes et que nous ne savons pas par où commencer, nous pourrions essayer différentes applications de méditation guidée.

- Consacrer plus de temps à la famille. Le travail, plus tous les engagements quotidiens, peut nous aspirer complètement, surtout si nous dirigeons notre propre entreprise ou activité, qui nécessitera bien plus que les huit heures de travail habituelles par jour. Toutefois, nous ne devons pas oublier de passer du temps avec les membres de notre famille et de prendre soin d'eux, non seulement pour leur bien-être, mais aussi pour le nôtre. Nous pourrions donc nous réserver un peu de temps pour inclure cette activité fondamentale dans notre routine matinale.

- Lire un bon livre. Comme pour la méditation, les bienfaits de la lecture sont incontestables. La lecture le matin stimule notre esprit et élargit nos horizons. Nous pourrions essayer de lire quelque chose de nouveau pour nous tant que le contenu soit positif - ou une bonne idée serait d'aller à la librairie et de choisir un livre qui nous inspire, ou d'en prendre un que nous n'avons jamais fini de lire, car de nos jours, nous avons tendance à lire de plus en plus en ligne, et beaucoup moins sur le format papier classique.
- Écrire pour fixer des objectifs pour la journée (et pas seulement). Comme les entrepreneurs, nous avons probablement aussi une liste de choses à faire avec de nombreuses entrées. Steve Jobs a déclaré : "Pendant les 33 dernières années, je me suis regardé dans le miroir chaque matin et je me suis demandé : si aujourd'hui était le dernier jour de ma vie, serais-je heureux de ce que je fais ? Et chaque fois que la réponse était négative pendant trop de jours d'affilée, je savais que je devais changer quelque chose". En dressant notre liste, veillez à ne pas vous laisser submerger par toutes les listes de choses à faire et à ne pas perdre de vue l'objectif principal de la journée. Essayons donc d'écrire nos trois principaux objectifs comme la première étape de notre routine matinale, en commençant par celui que nous devons accomplir

à tout prix, puis en les énumérant toujours par ordre d'importance.

L'écriture mérite toutefois une attention particulière, car elle consiste à écrire non seulement pour énumérer les objectifs du jour, mais aussi pour mieux exprimer nos pensées, pour faire ressortir les idées que nous avons en tête : nous pouvons ainsi profiter des nombreux avantages de l'écriture. Nous n'avons pas nécessairement besoin d'écrire de véritables textes, le simple fait de noter quelques idées dans un journal nous donnera plus d'enthousiasme au début de la journée. Dans l'agenda, jour après jour, nous pouvons également intégrer l'exercice de gratitude, qui consiste simplement à être reconnaissant pour tout ce que nous avons, tout ce que nous sommes et le monde qui nous entoure. Au début, cela peut sembler être un étirement, parce que nous ne ressentons peut-être pas vraiment de gratitude, mais n'oublions pas le pouvoir d'autopersuasion de nos pensées sur l'esprit lui-même ; ainsi, en répétant l'exercice, nous finirons par vraiment commencer à "ouvrir les yeux" et à ressentir cette gratitude, parce que nous remarquerons des petites choses auxquelles nous n'étions pas attentifs auparavant. Faisons donc une liste des choses dont nous sommes reconnaissants ce matin, ou de ce qui s'est passé la veille, des leçons de vie que nous avons apprises, ou des meilleurs moments dont nous voulons nous souvenir, ou même des bonnes résolutions pour aujourd'hui - pas seulement en termes d'objectifs ! - ou une décharge libre de ce qui est dans nos esprits, nos émotions, nos inquiétudes, nos rêves.

- Établissons également une liste de nos valeurs, par ordre d'importance, car lorsque nous sommes clairs sur nos valeurs, nous agissons en conséquence, plus fermement. Souvent, dans la vie, nous sommes indécis parce que nous ne savons pas à quelles valeurs nous accordons plus d'importance et lesquelles en ont moins. Au contraire, si nous avons en tête nos valeurs prioritaires, il sera plus facile de prendre une décision. Dressons une liste de valeurs : paix, liberté, honnêteté, sérénité, intégrité morale, amour, amitié, éthique, plaisir... et ainsi de suite. Une fois la liste établie, numérotez ou classez-les par ordre d'importance.

- Notons également quelques affirmations positives, idéalement aussi lisez-les à voix haute afin qu'elles pénètrent profondément dans notre inconscient, de sorte qu'après quelques semaines de cet exercice, l'inconscient commencera à croire et à être convaincu de ces affirmations lui-même, comme on l'a déjà vu pour l'exercice de gratitude. Il suffit de penser que 95% de nos actions sont guidées par l'inconscient ! Par exemple, nous pourrions écrire : je suis indépendant de ce que les autres pensent de moi, je suis heureux, je m'accepte tel que je suis, j'ai une énergie infinie... et ainsi de suite. La puissance de ces affirmations est grande, car elles influenceront notre comportement sans que nous nous en rendions compte.

Enfin, voyons quelques autres conseils sur la façon de partir de zéro pour former notre rituel du matin et le maintenir dans le temps. Le plus difficile est de commencer. L'astuce consiste à trouver l'étincelle qui fait tout démarrer, par exemple, si notre besoin premier est de nous mettre en forme, nous nous forcerons à nous lever plus tôt que d'habitude chaque matin pour aller faire du jogging dans le parc ; si, au contraire, le besoin est d'améliorer notre niveau d'anglais, nous nous lèverons tôt pour noter dans un carnet nos progrès, les nouveaux mots, etc.

Commençons par un point fixe, c'est-à-dire, commençons par choisir un rituel dont nous pensons qu'il aura le plus grand impact sur nous, et faisons en sorte qu'il devienne notre point fixe, en le mettant en pratique chaque jour. Ce doit être le rituel qui fait place à tout le reste. Par exemple, il peut être très utile de commencer par boire un verre d'eau. Il sert à réhydrater le corps, mais c'est aussi un geste très simple et "symbolique" pour commencer la journée et poursuivre le reste de la routine. Après avoir bu de l'eau, il semblera encore moins difficile de poursuivre le yoga, la course à pied ou les autres activités qui nous attendent. Respectons le nouveau rituel pendant au moins un mois avant d'y ajouter de nouvelles activités. Le rituel doit faire corps avec notre réveil, au point que nous nous sentons étranges si nous ne le pratiquons pas, comme s'il manquait quelque chose, comme quitter la maison sans chaussures aux pieds ou se brosser les dents. Pour beaucoup, l'essentiel est de se réveiller un certain temps à l'avance, à une heure déterminée.

Une fois que nous aurons établi un point fixe, nous ajouterons progressivement d'autres activités, dans l'ordre qui nous conviendra le mieux. Procédons progressivement à leur ajout, afin de ne pas être confus ou surchargés ; en fait, le surengagement est généralement la raison pour laquelle nous abandonnons le rituel du matin et revenons à nos anciennes habitudes.

Apportons des changements et des essais si nous constatons qu'un nouveau rituel n'est pas pour nous et que nous n'en tirons pas profit. Ce n'est qu'en essayant que nous apprendrons ce qui est le mieux pour nous, donc gardons ce qui s'avère utile et éliminons le reste.

Le plus important, une fois que nous avons trouvé le rituel qui nous convient, c'est de le pratiquer constamment, de le rendre indispensable, de sorte que nous nous retrouvions bientôt à le pratiquer automatiquement et sans effort.

En mettant ces mesures en pratique, nous nous rendrons compte qu'"une bonne journée se voit le matin". Il faudra du temps pour développer une routine matinale optimale, mais ce qui est important, c'est de prendre les décisions qui vous permettront de commencer la journée avec une véritable conscience.

Comment éliminer les habitudes négatives et impuissantes

Benjamin Franklin a déclaré : "Il est plus facile de prévenir les mauvaises habitudes que de les changer". Abordons maintenant un point crucial de la conversation sur les habitudes. Nous avons tous de mauvaises habitudes, des rituels que nous suivons depuis longtemps et qui nous font entrer dans ce que l'on appelle la "zone de confort", un espace ou une circonstance dans laquelle nous nous sentons à l'aise et protégés.

Faisons attention à ces mauvaises habitudes, car plus nous les répéterons, plus il sera difficile de les éliminer. En plus d'être souvent néfastes pour nous et notre santé, ces habitudes négatives sont également des obstacles qui nous empêchent d'atteindre nos objectifs, car elles nous éloignent de plus en plus du changement souhaité, nous devons donc apprendre à surmonter ces obstacles.

Prenons un exemple simple, dans lequel beaucoup d'entre nous se retrouveront probablement. Sara, qui se rendra à la plage dans deux mois, prévoit de perdre 5 kg et de se tonifier afin de se sentir plus sûre d'elle et plus séduisante dans son nouveau bikini. Le départ approche et Sarah est censée s'entraîner au gymnase trois fois par semaine, mais voici la partie délicate, car Sarah, lorsqu'elle rentre du travail, a l'habitude d'enlever ses chaussures et de se mettre à l'aise sur le canapé, en mangeant des chips et des snacks tout en regardant la télévision.

Le cours de crossfit au gymnase commence à 19 heures, mais pour Sara, il est trop fatigant de se lever et de renoncer à son moment de détente, et à la seule idée d'aller transpirer au gymnase, elle préfère rester confortablement installée sur son canapé. Il arrivera donc que Sara ne s'entraîne qu'une fois par semaine, peut-être deux, ce qui ralentira son objectif de perdre du poids à la date limite fixée. Alors, dans cette affaire banale, quelle est la mauvaise habitude de Sara ? Celle de céder à la fatigue et à la paresse, qui l'empêcheront d'atteindre son objectif.

Les habitudes négatives rendent difficile et difficile le chemin vers une vie saine et épanouie, et elles nous éloignent de la meilleure version de nous-mêmes, potentiellement réalisable. Si nous ne les arrêtons pas, nous nous retrouverons sans nous en rendre compte jour après jour, ayant perdu du temps et des ressources, et avec notre santé mentale et physique ruinée.

Examinons de plus près les causes de nos habitudes négatives. Qu'il s'agisse de se ronger les ongles, de dépenser une fortune en courses inutiles, de boire le week-end ou de fumer à l'excès, ou encore de perdre du temps sur l'internet et les téléphones portables, tout cela n'est qu'une réponse au stress et à l'ennui quotidiens, une façon de mieux y faire face. Il est pratiquement impossible pour quiconque d'échapper complètement à l'ennui et au stress. Il s'agit donc d'apprendre de nouvelles façons saines de les gérer afin de ne plus avoir recours à ces habitudes négatives. Comme souvent dans la vie, les mauvaises habitudes naissent pour combler un vide, lorsque nous nous ennuyons, sommes tristes ou démotivés, nous commençons à chercher quelque chose qui puisse compenser ces émotions négatives, nous donnant un plaisir immédiat : mais souvent ces comportements seront préjudiciables à notre bien-être à long terme.

Comment pouvons-nous briser ce cercle vicieux ? Nous devons tout d'abord prendre une décision importante, c'est-à-dire comprendre ce que nous voulons vraiment. Les déclarations courantes telles que "je veux être heureux", "je veux me mettre en forme", "je veux gagner plus d'argent" sont vagues et laissent beaucoup à désirer. Il est important de remplacer ces phrases par des objectifs définis, spécifiques et mesurables, qui ne soient pas trop ambitieux, bref, à notre portée. Il est certain que le saut de qualité n'est pas simple et immédiat. Qui penserait à méditer au lieu de se ronger les ongles, ou à faire une promenade au lieu de manger un en-cas riche en calories ?

Il est clair que ce n'est pas un changement qui peut être mis en œuvre du jour au lendemain, mais il faut de la volonté et de la persévérance pour perdre les mauvaises habitudes ; il est essentiel de changer le schéma mental qui sous-tend une certaine fixation. En fait, nous parlons de la manière de remplacer, d'entraver ces mauvaises habitudes, et non de les éliminer complètement, puisqu'il n'y a pas de baguette magique pour le faire, mais en suivant quelques suggestions, et en ajoutant notre volonté, on peut certainement progresser.

Les mauvaises habitudes naissent pour combler un vide, donc si nous essayons de les éliminer, plutôt que de les remplacer, ce vide prendra le dessus sur notre volonté, et nous nous retrouverons vaincus à nouveau à la case départ. Si nous ne pouvons pas nous passer d'une cigarette après les repas, essayons plutôt de nous brosser les dents.

Nous devons agir intelligemment, en utilisant le plaisir à notre avantage, c'est-à-dire, lorsque nous remplaçons la mauvaise habitude, penser à quelque chose qui, si nous la faisons, nous donnera beaucoup de plaisir et de satisfaction, qui nous fera progresser à long terme et surtout renforcera notre estime de soi. Beaucoup d'entre nous essaient probablement depuis des années d'arrêter de fumer, ou de gaspiller de l'argent pour faire des courses et des achats inutiles, ou de mettre fin à d'autres comportements qui causent de l'inconfort, mais malheureusement les mauvaises habitudes sont souvent profondément ancrées en nous et difficiles à rompre. En effet, nos mauvaises habitudes satisfont des besoins fondamentaux et nous permettent d'avoir des sensations que nous désirons fortement - même si nous sommes conscients qu'elles entraînent diverses conséquences désagréables, il ne s'agit donc pas seulement d'une question de maîtrise de soi et de volonté.

Alors, comment procéder ?

Tout d'abord, nous prenons note de toutes nos habitudes actuelles, de ce que nous faisons régulièrement, et nous les divisons en deux colonnes, les bonnes et les mauvaises habitudes. Nous nous rendrons alors compte du nombre d'actions que nous effectuons sans même nous en rendre compte. Il nous faudra peut-être quelques jours pour prendre conscience de toutes nos habitudes et compléter la liste.

Comme nous l'avons déjà dit dans les chapitres précédents, les habitudes déterminent la réalisation de nos objectifs. Nous devons donc avant tout avoir à l'esprit ce que nous voulons, savoir comment l'atteindre et, par conséquent, modifier nos habitudes quotidiennes. La deuxième étape consiste donc à réfléchir consciemment aux objectifs que nous voulons atteindre. Par exemple, si l'on veut avoir un physique sculpté, il faut évidemment cesser d'être sédentaire et aller s'entraîner le plus souvent possible. Chaque habitude produit un résultat, alors réfléchissons à la question de savoir si nos habitudes actuelles sont en accord ou en désaccord avec ce que nous voulons, et changeons-les en conséquence. Chaque choix fait aujourd'hui détermine l'avenir de demain !

Une fois que nous avons identifié les habitudes négatives et les objectifs souhaités, nous passons à l'analyse de nos mauvaises habitudes : elles sont difficiles à éradiquer car elles garantissent une récompense immédiate, mais en les analysant et en comprenant d'où elles viennent, quelles sont leurs causes précises, il sera possible à long terme de changer d'attitude et de les remplacer par de nouvelles habitudes positives.

L'étape suivante consiste donc à choisir les nouvelles habitudes à introduire, dont nous avons absolument besoin si nous voulons atteindre les objectifs souhaités. Nous pouvons, comme toujours, les écrire sur un morceau de papier et le conserver dans un endroit visible.

En outre, réfléchissons aux avantages que nous pourrions concrètement obtenir, aux résultats qui seront complètement différents de ceux obtenus jusqu'à présent, et dont nous ne sommes pas satisfaits. Si nous arrêtons de fumer, notre santé nous en remerciera, si nous cessons de manger des aliments malsains, nous parviendrons à atteindre notre poids idéal, si nous parvenons à surmonter la paresse et à aller à la salle de sport, nous aurons le corps de nos rêves. Des pensées positives nous aideront à rester motivés et à ne pas abandonner à mi-chemin.

Oublions les résultats immédiats et les statistiques, et prenons tout le temps nécessaire au changement, ne créons pas trop d'attentes, ne stressons pas. De petits changements effectués pas à pas nous donneront de grands résultats en fin de parcours, il n'est donc pas conseillé de bouleverser notre routine à l'improviste. Commençons par des choses qui sont faisables, par exemple, si nous voulons arrêter de fumer, commençons par réduire à une cigarette par jour. Travaillons sur une habitude à la fois, soyons patients et conscients de la véritable raison pour laquelle nous changeons dans un certain domaine de notre vie, continuons avec constance et nous verrons que les résultats ne tarderont pas à venir. N'oubliez pas qu'il n'est pas possible de généraliser sur le temps nécessaire pour consolider une bonne habitude, car tout dépend des facteurs en jeu : l'importance du changement auquel nous sommes confrontés, l'enracinement en nous de l'habitude négative, etc. Alors ne vous précipitez pas.

Si nous pensons trop loin, cela sera contre-productif pour nous, nous sommes dans un sens en train de tromper notre esprit, donc le chemin demande une grande concentration, peu à peu. Nous devrions plutôt nous concentrer sur les changements à court terme, et si nous rencontrons des difficultés, ne gardons pas tout pour nous, demandons conseil à un ami ou détendons nous en écoutant de la musique.

Répétons que nos habitudes déterminent les résultats de notre vie, nous sommes donc le résultat des habitudes que nous avons adoptées depuis notre naissance jusqu'à aujourd'hui. En changeant nos habitudes, nous pouvons littéralement changer nos vies. Prenons un autre exemple pour mieux comprendre ce concept. Voyons comment, dans des circonstances identiques, des habitudes différentes peuvent conduire à des situations complètement différentes.

Dans le premier cas, nous avons Enzo qui déteste son travail, ne fait que s'apitoyer sur son sort, et passe tout son temps libre sur son téléphone portable et à regarder des séries télévisées. Ces habitudes l'ont conduit à devenir sédentaire et à négliger son bien-être psychophysique. Le résultat sera qu'Enzo continuera à faire le travail qu'il déteste et à s'apitoyer sur son sort, car il est empêtré dans ses mauvaises habitudes, qui l'empêchent de trouver une issue.

Dans le second cas, nous avons toujours Enzo qui déteste son travail, et pourtant il travaille dur tous les jours pour trouver une solution à ce problème, et passe tout son temps libre à s'améliorer et à étudier afin d'obtenir un jour un meilleur emploi. De plus, pour se sentir plus motivé, Enzo se rend régulièrement au gymnase et prend soin de sa personne. Cette fois, le résultat sera qu'Enzo obtiendra à temps le poste qu'il souhaite parce qu'il se concentre sur la solution plutôt que sur le problème, il ne s'apitoie pas sur son sort, mais il a mis en pratique une série de bonnes habitudes qui le rapprocheront de plus en plus de son objectif.

Cet exemple simple nous montre comment, dans des circonstances identiques, le choix d'adopter de bonnes ou de mauvaises habitudes conduira à des résultats complètement différents dans la vie. Nous devrions maintenant être plus clairs que jamais sur le pouvoir des habitudes et sur l'importance de remplacer les vieilles habitudes qui ont perdu leur pouvoir. Examinons quelques autres suggestions qui nous aideront à atteindre notre objectif.

Choisissons un substitut à la mauvaise habitude, mettons par écrit un plan d'action pour répondre alternativement à l'ennui ou au stress, au lieu de la mauvaise habitude habituelle. Au lieu de fumer, faisons des pompes, méditons pendant dix minutes ou faisons un exercice de gratitude.

Ne poursuivons pas seuls notre mission de faire un régime ou d'arrêter de fumer, juste par peur que les autres nous voient échouer. Au lieu de cela, unissons nos forces, faisons équipe ou partenariat avec quelqu'un qui a les mêmes intentions que nous, et engageons nous à arrêter ensemble afin que nous puissions nous motiver mutuellement. Sachant que les autres attendent de nous que nous nous améliorions, nous nous sentirons plus forts dans le processus de changement et plus motivés chaque jour.

Trouvons donc des gens qui ont les mêmes idéaux que nous, qui vivent comme nous aimerions vivre nous-mêmes ; trouver de nouveaux amis ne signifie pas abandonner la compagnie habituelle, mais gardons à l'esprit le pouvoir de passer plus de temps avec des gens qui nous inspirent et nous motivent à changer, parce que nous voyons en eux un modèle positif. Nous pouvons apprendre d'eux comment répondre d'une autre manière aux besoins qui sous-tendent les anciennes habitudes à remplacer.

Parlons maintenant des signaux, ou des crochets, ces certaines choses, personnes ou circonstances qui nous rappellent immédiatement et déclenchent en nous la mauvaise habitude. Nous devons absolument supprimer autant de signaux de notre vie que possible. Si nous avons envie de fumer en buvant, alors évitons d'aller au bar ; si la première chose que nous faisons quand nous sommes allongés au lit est de saisir la télécommande pour zapper, cachons la télécommande quelque part pour ne pas l'avoir en vue. Si nous mangeons des chips en sachet alors que nous les avons dans le garde-manger, alors ne les gardons plus là, ou mieux encore, ne les achetons pas du tout ! Fondamentalement, modifions l'environnement qui nous entoure, le rendant fonctionnel aux changements que nous voulons activer, de sorte qu'il sera plus facile de briser la chaîne des habitudes de dépotentisation.

Il est essentiel d'avoir de la discipline, ne la remettons pas sans cesse à plus tard, en espérant que le changement viendra de lui-même. Le fait même de remplacer une habitude doit devenir notre habitude quotidienne, donc chaque jour exige un engagement. Si nous voyons que le changement a du mal à venir, nous pourrions envisager de changer de décor, de changer notre environnement habituel, car il est vrai que tout commence dans l'esprit, mais notre environnement a aussi une grande influence sur ce que nous pensons et faisons. Aussi, préparons-nous et anticipons l'échec, et planifions également les éventuels trébuchements et les mesures de redressement qui s'ensuivent.

De plus, le fait de noter nos progrès quotidiens et de les relire de temps en temps nous donnera la motivation nécessaire pour continuer. Trouver la bonne motivation est un autre point fort. En fait, souvent, il ne suffit pas d'avoir décidé un objectif fantastique, c'est juste un objectif à atteindre, mais si nous ne sommes pas suffisamment motivés pour changer, nous nous retrouverons bientôt à capituler. Lorsque nous décidons de ce que nous voulons vraiment et que nous fixons notre objectif, arrêtons-nous toujours et demandons-nous pourquoi. Si nous constatons que nous ne sommes pas en mesure d'apporter des réponses suffisantes et adéquates à cette question, alors arrêtons-nous et réfléchissons, car nous n'aurons probablement jamais la force de contrer la passivité du "statu quo".

Parmi les pires mauvaises habitudes, et qui malheureusement touchent une grande partie de la population, figurent celles inhérentes à la sphère alimentaire, et celles qui provoquent des insomnies et un mauvais sommeil. Étant donné l'importance évidente de l'alimentation et du repos dans notre vie, nous consacrerons les prochaines lignes à un examen plus approfondi de ces sujets.

Les mauvaises habitudes font leur chemin même parmi les plus disciplinés d'entre nous et une mauvaise alimentation peut entraîner divers problèmes de santé. Les habitudes sont tellement ancrées en nous que nous ne nous en rendons même plus compte, et le responsable de ce mécanisme est le cerveau, exactement les ganglions basaux, la partie du cerveau prédisposée à l'acquisition d'habitudes, avantageuses ou non. L'une des habitudes qui affecte le plus notre routine quotidienne est l'alimentation, car il est évident que nous devons nous nourrir tous les jours. C'est pourquoi nous devons être bien conscients de l'impact de l'environnement sur notre mauvaise alimentation.

Un exemple classique est de s'asseoir devant la télévision, surtout à cette époque où les séries télévisées et Netflix sont très populaires, et de se détendre en consommant une quantité démesurée de snacks tels que des chips et des boissons gazeuses et sucrées.

C'est pourquoi le contrôle de l'environnement contribue à améliorer immédiatement les habitudes négatives et à les remplacer par des habitudes positives. En plaçant des fruits frais là où vous travaillez habituellement, vous augmenterez de 70 % la quantité de fruits dans votre alimentation quotidienne.

Combien de décisions liées à l'alimentation prenons-nous chaque jour ? Mais surtout, s'agit-il de choix conscients et raisonnés ? Une étude a montré que nous en fabriquons plus de 200 : ce sont de soi-disant habitudes, c'est pourquoi nous n'y prêtons pas beaucoup attention, parce que nous y sommes habitués, donc ce ne sont souvent pas des choix alimentaires judicieux.

Si nous modifions l'environnement qui nous entoure de manière positive, nous pouvons plus facilement remplacer les mauvaises habitudes, par exemple en buvant beaucoup d'eau, en mangeant plus de fibres et de fruits. En bref, nous pouvons tromper le cerveau, par exemple en utilisant des assiettes plus petites, ce qui réduit de 22 % la quantité de nourriture qu'il contient, et par conséquent la nourriture que nous consommons.

Consacrons une autre petite suggestion à ce que nos enfants mangent à l'école et aux habitudes alimentaires de l'école. Des recherches menées dans des cantines américaines montrent que le fait de placer un panier de fruits près de la caisse de sortie entraînera une augmentation considérable de la consommation de fruits par les enfants, et que si nous apposons une étiquette de couleur sur ces fruits, il y aura une nouvelle augmentation. Il a également été prouvé que manger dans un environnement propre entraîne la consommation de moins de malbouffe et d'aliments plus sains. En bref, avec des gestes simples et des astuces quotidiennes, nous pouvons révolutionner nos habitudes alimentaires.

Venons-en maintenant à l'insomnie : c'est par définition "un état d'insatisfaction inhérent à la quantité et à la qualité du sommeil, caractérisé à la fois par la difficulté d'initier le sommeil et de le maintenir. L'insomnie devient un problème critique si la situation décrite ci-dessus se répète trois nuits ou plus par semaine, sur plusieurs mois, affectant les autres activités quotidiennes, et si l'insomnie persiste longtemps, elle peut aussi devenir chronique. Un sommeil de qualité est en effet essentiel non seulement pour se reposer et régénérer le corps, mais aussi pour augmenter notre mémoire et notre attention, maintenir des niveaux hormonaux équilibrés du rythme veille-sommeil et un métabolisme actif.

L'insomnie prolongée est souvent associée à d'autres pathologies chroniques, pas nécessairement de nature psychiatrique, telles que la faible tolérance au glucose et le diabète, l'obésité, les déficits cognitifs, l'hypertension, l'alcoolisme, la dépression ou l'anxiété. Nous pouvons reconnaître l'insomnie à certains signes distinctifs : difficulté à s'endormir, réveils fréquents et soudains pendant la nuit, sommeil non reposant, fatigue, anxiété, somnolence et irritabilité pendant l'éveil.

Les causes les plus fréquentes de ce trouble sont l'apnée du sommeil, la prise de certains médicaments, les périodes de grand stress, mais aussi un mode de vie non réglementé et de mauvaises habitudes. Souvent, quelques mauvaises habitudes suffisent à compromettre et à perturber le sommeil. Il suffit de penser à l'utilisation excessive d'ordinateurs, de tablettes et de téléphones portables avant de s'endormir, à la consommation immodérée de café, de thé ou d'alcool tard dans la nuit. Et une fois de plus, la mauvaise habitude de se gaver au dîner, notamment en consommant des aliments protéinés, rendra la digestion plus difficile et empêchera un sommeil de qualité.

Même pratiquer une activité physique en fin de journée peut être contre-productif, même si nous le faisons peut-être pour nous fatiguer, car cela nous rend en fait plus alerte et plus éveillé, et il sera encore plus difficile de s'endormir ; il est donc préférable de pratiquer une gymnastique de relaxation et de manger légèrement.

L'attitude des personnes qui réussissent face à la vie

Nous nous demandons souvent quels sont les facteurs nécessaires pour réussir : est-ce seulement une question de talent ou aussi de chance ? Tout cela dépend-il d'une sorte de talent inné, ou faut-il travailler dur jour après jour pour atteindre le sommet ? Le succès est-il en quelque sorte notre destin, ou est-il entre nos mains ? Et encore une fois, les gens naissent-ils avec un penchant naturel pour le leadership, ou sommes-nous tous des gagnants potentiels ?

La réponse que nous donnons aux questions énumérées ci-dessus définit notre attitude mentale envers la vie, mais aussi envers les affaires et le travail. Si nous pensons que le succès vient d'un talent ou d'un penchant naturel, nous avons probablement une attitude mentale fixe. Si, en revanche, nous pensons que les secondes options sont les plus valables, notre attitude mentale est souple et axée sur la croissance. Cette diversité de points de vue divise clairement le scénario des professionnels d'aujourd'hui en deux.

Ceux qui ont une attitude plus statique croient que le pouvoir du talent inné est tout, et que le succès est plutôt dû au hasard et à la chance. Par conséquent, ils s'engagent à prouver à eux-mêmes et aux autres les compétences qu'ils ont acquises, évitent les défis et les obstacles, et pensent que l'apprentissage est fondamentalement un effort futile. En d'autres termes, pour eux, la capacité de leadership est ancrée dans leur ADN, qu'elle soit là ou non, ils ne voient que le noir ou le blanc.

D'autres professionnels ayant une attitude flexible et orientée vers la croissance voient plus de nuances, sont peut-être moins confiants au départ, mais animés par le désir d'apprendre et de se développer, ils travaillent dur à la fois sur les compétences qu'ils ont déjà acquises et sur leurs faiblesses, pour les transformer en forces. Ils n'ont pas peur des défis, et en fait, ils savent apprécier les réactions et les résultats négatifs, en tirant des leçons utiles pour s'améliorer à l'avenir, de sorte que pour eux toutes les expériences quotidiennes, bonnes ou mauvaises, sont un gymnase pour s'entraîner et grandir. Ils sont convaincus qu'avec le temps, ils deviendront meilleurs et plus forts.

Il est évident que ce sont les seconds, apparemment désavantagés au départ, qui obtiendront les meilleurs résultats, car au lieu de se contenter du "statu quo", ils se battent et grandissent avec persévérance et détermination, ils brisent les obstacles ; contrairement aux premiers, qui n'exploitent que partiellement leur potentiel inné, également par peur de l'échec. Cette différence d'attitude caractérise non seulement les personnes et les professionnels individuels, mais aussi les entreprises et les commerces.

Nous ignorons souvent le fait que des personnes qui disposent des mêmes ressources et qui se sont fixé les mêmes objectifs obtiennent des résultats très différents selon leur attitude face à la vie, leur attitude ou leur comportement. Nous avons déjà vu ce point important dans le chapitre précédent sur la manière de supprimer les habitudes négatives, mais il vaut la peine de le revoir et de le développer. Pourquoi, après tout, l'attitude avec laquelle nous faisons face aux événements de la vie devrait-elle être d'une telle importance, plus importante encore que le fait de savoir si nous avons ou non une certaine capacité ou ressource au départ ? Cela peut s'expliquer par le lien fort que cette attitude a avec notre estime de soi, en fait la façon dont nous nous comportons dans diverses situations est la manifestation la plus claire et la plus directe de l'image que nous avons de nous-mêmes.

Selon nos convictions, nous nous orienterons naturellement vers deux types de comportement opposés : nous tendons vers une attitude réaliste, objective et juste lorsque nous mettons en jeu toutes les qualités en nous, afin d'atteindre le résultat souhaité. Au contraire, nous aurons tendance à adopter une attitude irréaliste, non objective et injuste lorsque nous n'utilisons pas les qualités qui sont en nous - parce que nous pensons que nous ne les avons pas ! - et nous douterons de nous-mêmes par manque de confiance en nous.

Si nous pensons que l'obtention de nos résultats est fortement liée à ce choix d'attitude, nous constaterons que ce sont précisément les personnes qui se posent de manière positive dans la vie, avec des pensées optimistes, qui sont capables de se fixer des objectifs réalistes. L'attitude positive face à diverses situations permet à la personne qui l'adopte d'imaginer concrètement des résultats positifs et possibles à atteindre avec succès. Nous parlons de "découverte", car nous pensons souvent à tort que les personnes les plus optimistes et les plus rêveuses sombrent dans leurs illusions et vivent dans les nuages. Ne nous est-il pas arrivé d'être parfois marqués par un événement négatif, par un résultat non atteint, et ensuite de ne pas nous imaginer des objectifs plus ambitieux, pour ne pas nous bercer d'illusions au départ, et rester une fois de plus brûlés ?

En réalité, lorsque nous sommes conscients de nos capacités, que nous croyons en nous-mêmes et que nous nous fixons un objectif réalisable, nous pouvons prévoir la succession des "étapes" pour nous rapprocher de plus en plus. Nous sommes également conscients des difficultés que nous pouvons rencontrer en cours de route et qu'il sera donc nécessaire de diviser le travail en de nombreux micro-objectifs pour atteindre l'objectif final. D'autre part, le deuxième type de personne, ou d'attitude, est le rêveur qui ne sait pas évaluer de manière réaliste ses propres qualités et la réalité environnante, et qui vise donc un objectif de plus en plus élevé, au lieu de procéder de manière progressive.

Pour en revenir au sujet des entreprises et des sociétés, l'adoption des deux types d'attitude, statique ou dynamique, conduira par conséquent à deux types d'entreprises différents : le type statique, où il n'y a pas de méritocratie, les postes et les rôles sont fixes, les employés n'ont pas beaucoup de possibilités d'évolution et sont donc peu motivés pour s'exposer et faire plus, de sorte qu'ils resteront malheureux dans l'immobilité de la hiérarchie, sans sentiment d'appartenance à "l'ensemble" de l'entreprise.

Le type d'entreprise dynamique, en revanche, est orienté vers le changement et la croissance, croit fermement au talent mais aussi à l'étude, et pousse donc ses employés à s'améliorer, à s'exposer et à prendre des risques afin de se développer. Les employés éprouvent un sentiment d'appartenance, ils se sentent partie prenante d'un projet commun et font confiance à leurs dirigeants, de sorte qu'ils sont évidemment plus motivés que les employés du premier type d'entreprise.

Certaines des plus grandes entreprises du monde qui ont choisi ce style vertueux et dynamique ont créé des rendez-vous fixes pour leurs employés, comme Microsoft, qui a lancé l'événement annuel du "hackathon", où les employés de Microsoft du monde entier peuvent participer activement, faire de nouvelles propositions à développer en équipe et avec lesquelles ils peuvent prendre la piste pour concourir. Les lauréats reçoivent des fonds pour réaliser leurs projets, et peuvent ainsi mettre en valeur leur talent dans le monde entier et obtenir la visibilité nécessaire pour aller occuper des postes prestigieux.

Après cette parenthèse intéressante, voyons ce qui différencie l'attitude des personnes qui réussissent et qui atteignent leurs objectifs de celles qui luttent.

Tout d'abord, la conception, la planification. Ceux qui réussissent dans la vie sont avant tout des personnes optimistes et réalistes ; en outre, ils ne se lancent jamais tête baissée, presque "au hasard", dans un nouveau projet, car ils savent qu'une planification détaillée, composée de nombreux petits objectifs quotidiens, est nécessaire pour arriver à un résultat victorieux. Il sait donc non seulement identifier un objectif et la planification correspondante, mais aussi et surtout il sait trouver les stratégies appropriées.

Ensuite, il faut passer à l'action. Grâce à une division du travail bien pensée, la personne qui réussit prend immédiatement des mesures, produit des changements, a une vision de l'avenir et est capable de capter les bons signaux de l'environnement. D'autre part, ceux qui ont moins de succès, tout d'abord n'ont aucune aptitude à la pensée positive et réaliste, et par conséquent ils se lancent dans leurs projets sans aucune planification et ont tendance à interrompre l'action aux premières difficultés qu'ils rencontrent, ils commencent à broyer du noir et à penser que peut-être ils ont mal fait en démarrant ce projet, ils sont hésitants et doutent de leur estime de soi et de leur volonté.

Le troisième élément de différenciation est la prise de conscience des difficultés. Il est communément admis que la personne ayant une attitude positive a des pensées plus optimistes parce qu'elle ne voit pas et ne considère pas les obstacles qui peuvent se présenter. C'est en fait une croyance erronée, qu'il faut renverser, car en réalité ce type de personne est bien conscient qu'il y aura des difficultés ou des moments difficiles, mais il sait aussi qu'il a les qualités et les capacités pour y faire face et les surmonter avec succès. Contrairement à une personne qui a une attitude négative, et qui ne voit pas du tout les obstacles mieux que les autres, c'est simplement qu'elle n'accepte pas les difficultés, qu'elle les considère comme nuisibles et négatives, et qu'elle ne veut même pas en entendre parler et en tenir compte dans son propre parcours.

C'est ce type de personnes qui ne sont pas capables de prévoir les situations qui pourraient se présenter tout en poursuivant un certain objectif, elles ne prévoient pas certains événements, également en raison de leur moins grande expérience en matière de lancement et d'expérimentation de nouvelles choses, de sorte qu'elles ne savent pas qu'elles ont en elles des ressources utiles auxquelles recourir pour surmonter les revers, et elles gaspillent ces ressources, ne travaillant pas dessus, ne se mettant pas à l'épreuve par peur de l'échec. Une technique utile pour développer la conscience des difficultés consiste à dresser une liste de ces obstacles potentiels et des outils connexes dont nous disposons pour les éviter ou y faire face. Un autre sens dans lequel il est important d'avoir une conscience est le "locus de contrôle" interne, c'est-à-dire la tendance à interpréter les résultats de ses actions et de ses choix comme étant déterminés uniquement par soi-même, et non par des causes externes. Cela reconnaît la responsabilité individuelle des événements, ce qui renforce la planification et l'action (comme on l'a vu dans les deux premiers points).

Cette prise de conscience est liée à la compétence suivante, celle de la pensée critique. Ceux qui savent observer la réalité sociale, trouver les obstacles potentiels et les ressources potentielles, ainsi qu'analyser les aspects positifs et négatifs de leur propre personne, savent évaluer la "faisabilité" de leurs intentions, et savent reconnaître la fonctionnalité ou non de certains comportements, ont le don de la pensée critique.

Il y a aussi la pensée créative. Elle consiste à être capable de générer de nouvelles idées et de nouveaux points de vue, des solutions alternatives, de voir les choses sous différents angles, et donc d'avoir des dons intuitifs et imaginatifs.

Un autre élément qui fait la différence est l'ouverture aux conseils des autres, le fait d'être prêt à écouter les autres. Les seuls discours à ne pas prendre en compte et à ne pas être influencés sont les critiques négatives sur votre projet, les critiques dénigrantes, non constructives, bref, sans fondement. Ceux qui atteignent leurs objectifs sont prêts à accepter tout ce qui peut être utile et constructif et à laisser échapper les déclarations de ceux qui n'y croient pas, de la série "vous n'y arriverez jamais". D'autre part, ceux qui ont une attitude négative ne sont pas du tout ouverts à la confrontation, ils ont tendance à l'éviter et à n'écouter que les personnes qui, d'une certaine manière, confirment leur vision pessimiste du monde et des choses. Nous pouvons étendre ce point, qui fait partie du spectre plus large des "compétences" sociales, aux compétences de communication en général, à la capacité de se connecter avec les autres, de comprendre leurs sentiments et leurs pensées, de s'affirmer et d'écouter attentivement ; à l'empathie, la capacité de se connecter avec les autres et de comprendre leurs émotions comme si elles étaient les siennes. L'empathie est importante pour construire facilement des relations intimes et stables, permettant également d'offrir et de recevoir le soutien de la société ; d'avoir le sens de l'humour et de garder le sourire même face à l'adversité.

Le dernier élément de différence propre aux personnes qui réussissent est le fait de se plaindre. Les personnes optimistes ont tendance à moins se plaindre et à ne pas se blâmer ou blâmer les autres si les choses ne vont pas comme elles le souhaitent. Ils peuvent le faire dans des moments de profond découragement, mais plutôt comme un simple débordement sans retombées désagréables sur la mise en œuvre du projet, et ensuite faire place à une nouvelle estime de soi et à un nouvel élan vers l'action. Les optimistes abandonnent rarement face à une situation compliquée. D'autre part, ceux qui sont habitués à tout voir en noir ont tendance à tomber dans le piège de la plainte, qui ne mène nulle part : ils se plaignent d'eux-mêmes et surtout des autres, ils trouvent beaucoup de choses injustes dans l'environnement et dans les circonstances extérieures, ils se considèrent malchanceux et espèrent que "la prochaine sera meilleure". De plus, il s'entoure souvent de personnes prêtes à le soutenir et à confirmer ses pensées négatives par d'autres plaintes.

Réfléchissons à ces points si nous avons déjà un objectif en tête, afin de prendre conscience de notre attitude et de l'ajuster, et de préparer efficacement le travail qui nous attend sur le chemin de l'arrivée. Rappelons que notre comportement actuel dans les situations que nous vivons n'est qu'une conséquence et un miroir de notre estime de soi, donc si nous pensons que cela ne suffit pas, nous devons d'abord travailler plus profondément sur notre confiance en soi avant de réfléchir à la manière d'arriver à un changement concret.

Continuons à découvrir les caractéristiques des gens qui gagnent. Indépendance : ceux qui savent agir sur la base de leurs propres valeurs et objectifs sans se laisser influencer par le jugement des autres ont plus de chances de réussir. Motivation, pouvoir trouver la motivation pour agir dans ses propres ressources internes. Responsabilité, être un individu actif en groupe, dans la communauté, participer et assumer la responsabilité de ses propres actions. La flexibilité, la capacité d'affronter et de négocier, de faire des compromis, sans tergiverser.

Et encore l'espoir, dans le sens de la tendance à penser que les événements sont gérables, donc adressables au positif grâce à l'utilisation de leurs propres qualités et à un engagement personnel actif, et que les événements imprévus rencontrés dans la vie peuvent nous pousser à nous réinventer et à nous renforcer, avec des résultats positifs dans le futur. Toujours en ce qui concerne l'avenir, nous avons la clarté des objectifs que nous voulons atteindre en fonction de notre propre potentiel et de nos propres désirs ; le succès dans l'obtention de résultats lorsque nous tenons nos engagements ; des attentes fortes, qui doivent évidemment rester réalistes ; la ténacité et la persévérance dans la poursuite ; des aspirations formatives, le désir d'apprendre toujours plus et d'accroître ses compétences ; l'enthousiasme et la confiance dans l'avenir, et enfin la cohérence dans nos choix et dans la recherche du sens et de la signification de notre existence.

Passons maintenant au cas intéressant d'Albert Gray : c'était un assureur, un homme ordinaire, mais aussi un grand observateur, puisque pendant plus de trente ans il a parcouru les États-Unis en vendant des polices d'assurance-vie. Grâce à son travail, Gray est en effet entré en contact avec des milliers de personnes, et a eu l'occasion de connaître en profondeur la génération qui, au XXe siècle, a transformé les États-Unis en la puissance mondiale qu'ils sont aujourd'hui. Son expérience extraordinaire l'a amené à devenir un conférencier estimé, et lors d'une de ses célèbres conférences, en 1940, Gray a prononcé son discours le plus célèbre intitulé "Le dénominateur commun du succès".

À l'époque, beaucoup de gens étaient sûrs que le seul secret de la réussite était le travail acharné, mais combien d'hommes avons-nous vu et voyons encore travailler dur chaque jour, sans jamais réussir ? Et vice versa, d'autres qui réussissent, sans avoir travaillé dur. Ainsi, le travail acharné, bien qu'important pour atteindre l'excellence, n'était pas le véritable secret de la réussite. En étudiant et en observant la vie des personnes qui réussissent, on peut comprendre que le secret n'est pas seulement dans leurs actions, mais aussi dans leurs motivations. Le dénominateur commun de la réussite de ces personnes, que l'on retrouve dans des centaines et des centaines de cas, est l'habitude de faire ce que les gens ordinaires n'aiment pas faire. Nous pouvons ne pas croire cette déclaration, ou nous pouvons essayer de la réfuter, mais c'est finalement la seule façon d'expliquer pourquoi de nombreuses personnes éduquées, qualifiées et travailleuses échouent en fin de compte, tandis que d'autres, qui ont très peu de chances, obtiennent des succès inimaginables. Le fait même que le succès soit obtenu par une petite minorité de personnes nous montre qu'il ne peut être obtenu en suivant la poursuite temporaire du plaisir ou nos instincts fugaces.

Nous nous demandons maintenant quelles sont ces activités que les gens ordinaires n'aiment pas faire, eh bien ce sont exactement les mêmes activités que moi, vous, nous et même les personnes qui réussissent n'aimons pas faire et ont donc tendance à reporter à l'infini. Alors, comment les personnes qui réussissent parviennent-elles à faire ce que nous essayons tous, par nature, d'éviter ? Ils ne le font tout simplement pas, c'est-à-dire qu'ils continuent à haïr et à vouloir remettre ces activités à plus tard, mais, contrairement à d'autres personnes, ils sont conscients que s'ils font d'abord les choses qu'ils n'aiment pas faire, ils atteindront plus tard les objectifs qu'ils veulent atteindre.

Gardons donc à l'esprit que "si vous faites les activités que vous n'aimez pas faire, vous atteindrez les objectifs que vous aimez atteindre". Mais comment des personnes qui ont réussi, contrairement à d'autres, en sont-elles venues à acquérir ces connaissances ? Ils ont réussi parce qu'ils ont réellement un but, et ceux qui ont un but fixe savent comment repousser le plaisir immédiat afin d'atteindre leurs objectifs plus tard. Au contraire, ceux qui n'ont pas de but précis reportent leur objectif pour obtenir un plaisir immédiat.

À ce stade, certains d'entre nous se demandent peut-être : "Et est-ce que le fait de subvenir à ses besoins ou à ceux de sa famille n'est pas un objectif assez important pour réussir ? Eh bien non, car il est plus facile pour les êtres humains de s'adapter à une vie qu'ils ne veulent pas vraiment que de s'efforcer de faire ce qui est - ou serait - nécessaire pour atteindre la vie qu'ils désirent idéalement. En fait, l'objectif ne sera assez grand pour nous que s'il est également passionnant ; en effet, si les besoins sont logiques et matériels, les désirs sont chargés d'émotion. Si notre objectif n'est que logique, donc vide, nous cesserons de le poursuivre dès que nos besoins auront été satisfaits. Si, en revanche, nous nous choisissons un but passionnant, un concentré de rêves, nous continuerons à le poursuivre jusqu'à ce que nous ayons satisfait nos plus grands désirs.

Aussi longtemps que nous vivrons, n'oublions pas que la grandeur de notre succès est directement proportionnelle à la grandeur de notre objectif, et que nous ne pouvons poursuivre cet objectif que si nous sommes capables de prendre l'habitude particulière de faire ce que les gens ordinaires n'aiment pas faire.

Enfin, nous concluons le chapitre par des exemples motivants de personnes qui ont réussi à surmonter la crise et à atteindre les sommets de la réussite.

Joe Vitale

"Une chose n'arrive que si vous y croyez vraiment, et c'est le fait d'y croire qui la fait arriver."

"La clé est d'être dans le moment présent, avec conscience et gratitude."

Il est un entrepreneur et essayiste américain, surtout connu pour son rôle dans le film The Secret. Il a traversé une période difficile. En fait, il était sans abri et dormait dans la rue partout où il le pouvait. Aujourd'hui, il est l'auteur de nombreux best-sellers, avec une fortune de quelques millions.

Chris Gardner

"Ne laissez personne vous dire que ce que vous voulez est irréalisable. Si vous avez un rêve, vous devez le défendre. Si vous voulez quelque chose, sortez et allez le chercher. Point final".

Elle a inspiré le magnifique film de Gabriele Muccino, The Pursuit of Happiness, avec Will Smith. Gardner a vécu sa crise personnelle dans une pauvreté totale, et avec un enfant à charge en plus. Lui aussi a passé des années difficiles sans abri, dormant partout où il pouvait, dans les aéroports, les parkings, les transports publics, dans son propre bureau, et même dans une salle de bain BART fermée. Aujourd'hui, il a une valeur nette d'environ soixante millions de dollars.

J.K. Rowling

"Nous n'avons pas besoin de magie pour changer le monde : nous avons déjà en nous tout le pouvoir dont nous avons besoin, nous avons le pouvoir d'imaginer les choses mieux qu'elles ne le sont".

On ne peut pas ne pas la connaître. Elle est l'auteur mondialement connu de Harry Potter, le magicien mondialement connu qui a captivé jeunes et vieux. Rowling nous a dit à plusieurs reprises qu'elle a vécu diverses crises dans sa vie, tout d'abord après la mort de sa mère, qui souffrait de sclérose en plaques. Elle a ensuite épousé un Portugais et a eu une fille en 1993, mais malheureusement le mariage n'a pas fonctionné et Rowling est allée vivre à Édimbourg avec sa sœur. Elle était mère célibataire et sans emploi, et dit avoir survécu à cette époque uniquement grâce aux prestations sociales, en plus de souffrir de dépression. Avant de connaître le succès, elle a "échoué" à plusieurs reprises, étant rejetée par plusieurs éditeurs, avant de trouver l'opportunité qui a changé sa vie pour toujours. Aujourd'hui, Rowling a une valeur nette d'environ un milliard de dollars.

Og Mandino

"Comment puis-je changer ? Si je me sens déprimé, je vais chanter. Si je me sens triste, je vais rire. Si j'ai peur, je me jette dans la mêlée. Si je me sens inférieur, je porterai de nouveaux vêtements. Si je me sens incertain, j'élèverai la voix. Si je ressens la pauvreté, je penserai à la richesse future. Si je me sens incompétent, je penserai aux succès passés. Si je me sens insignifiant, je me souviendrai de mes objectifs. Aujourd'hui, je serai le maître de mes émotions".

Une des plus belles histoires de rédemption. Mandino voulait devenir écrivain, mais la mort de sa mère peu après avoir obtenu son diplôme d'études secondaires l'a tellement marqué qu'il a abandonné tout espoir de se lancer dans l'écriture. Il a essayé à nouveau des années plus tard, mais a échoué à chaque tentative de vente de son matériel. Après ces défaites, il a trouvé un emploi dans la vente de polices d'assurance et s'est marié. Commence alors une période infernale pour lui, alors que sa famille tombe dans une grave crise économique, et qu'il se retrouve avec d'énormes dettes qui le font enfoncer de plus en plus loin de son rêve. Il s'est adonné à l'alcool, a été abandonné par sa femme et a perdu sa maison et son travail, à ce moment-là il a même envisagé le suicide. C'est à ce moment qu'il raconte qu'en errant dans un jour froid et pluvieux, il est entré dans une librairie pour trouver de la chaleur et un abri, et c'est là que sa vie a changé, puisqu'il a commencé à lire des livres de motivation qui lui ont donné une charge inattendue et lui ont permis d'améliorer considérablement sa vie. À partir de ce moment, grâce à sa conscience et à sa persévérance, il est devenu d'abord le rédacteur en chef d'un célèbre magazine, puis un auteur. Ses livres de motivation ont été vendus à plus de trente millions d'exemplaires dans le monde entier et ont été traduits dans plus de trente langues.

Conclusion

Résumons une dernière fois les points forts des habitudes analysées dans ce livre. Je vous recommande de les lire tous les jours, de préférence le matin au réveil. Peut-être vous pourriez même intégrer leur lecture dans votre nouveau rituel matinal !

- Nos vies sont criblées d'habitudes.

- De nos habitudes dépend la réalisation des objectifs.

- La réalisation des objectifs peut dépendre de l'amélioration de notre vie et de notre bonheur, c'est pourquoi les habitudes sont fondamentales pour être humain.

- Ce que les personnes qui réussissent ont en commun, c'est l'habitude de faire ce que les autres n'aiment pas faire.

- De par notre nature, nous avons tendance à repousser les objectifs pour obtenir un plaisir immédiat. Seuls ceux qui ont un véritable but sont capables de repousser le plaisir immédiat pour atteindre leurs objectifs.

- Notre objectif ne peut pas être vide et rationnel ; il doit être passionnant.

Citant le grand Oscar Wilde : "Je ne veux pas être à la merci de mes émotions. Je veux les servir, les apprécier et les maîtriser".

Nous sentons-nous maintenant prêts et motivés à prendre les rênes de notre vie en main, en commençant par des habitudes positives, en nous dirigeant avec force et vigueur vers le changement, vers nos objectifs, vers le changement de notre vie ? Maintenant que nous en savons beaucoup plus sur le sujet, nous avons les outils nécessaires pour le faire, alors commençons la magie !

Autodiscipline

L'art et la science de la discipline : comment développer la maîtrise de soi, résister à la tentation et atteindre tous vos objectifs

Vincent Caron

Introduction

"Le prix de la discipline n'est rien comparé au prix du regret". - Robin Sharma

Cette belle tranche de gâteau au chocolat est là sur la table et semble n'attendre que vous : vous avez toujours eu un faible pour les sucreries et c'est peut-être la cause de vos kilos en trop ; mais cette fois-ci, vous devrez le laisser à quelqu'un d'autre, car hier encore, vous avez pris une décision ferme et irrévocable et vous avez choisi de faire un régime jusqu'à ce que vous retrouviez votre poids idéal, quoi qu'il en coûte, si vous deviez renoncer aux desserts et aux aliments gras pendant des mois et des mois. Bien sûr, il faut dire que cette intention " ferme " de retrouver la ligne est répétée chaque année à intervalles réguliers et, pour être tout à fait honnête, on ne parvient jamais à la respecter plus de deux semaines. Je vous demande pardon ? Qu'est-ce qu'un petit morceau de gâteau ? Êtes-vous sûr que ce n'est pas ce qui a provoqué l'échec de votre régime alimentaire ? Vous vous êtes gardé léger au déjeuner en ne mangeant que des légumes et des crackers cuits à la vapeur, un petit dessert que vous pensez avoir bien mérité : vous le brûlerez en vous entraînant plus durement au cours de la semaine suivante. En êtes-vous sûr ? Dans le régime strict que vous avez promis de suivre, le gâteau au chocolat était-il inclus ?

Vous avez finalement cédé et mangé le morceau de gâteau. Et vous penserez au régime alimentaire demain, après-demain... ou le mois prochain ! Cela vous semble-t-il familier ? Combien de fois, peut-être au début de la nouvelle année, avez-vous dressé une longue liste de bonnes intentions et d'objectifs que vous n'avez pas pu atteindre ? Suivre un régime, s'inscrire à une salle de sport (et puis vraiment aller à la salle de sport), être plus productif au travail, se réveiller tôt le matin, lire certains des livres empilés sur la table de nuit : il y a de nombreux changements positifs que vous aimeriez faire dans votre vie pour l'améliorer. Au moment où vous prenez ces engagements avec vous-même, nous nous sentons incroyablement motivés et parfaitement capables de les mener à bien, mais vous vous rendez compte, peu après, que vous n'avez pas la volonté et la constance nécessaires pour obtenir le moindre résultat. Chaque nouveau départ est caractérisé par du cran, de l'espoir et de la détermination, qui finissent ponctuellement par être coincées à la première difficulté, submergées d'excuses et de justifications, que vous entassez pour vous défendre et vous pardonner votre échec : "je n'ai pas le temps", "le travail me stresse", "la famille draine toute mon énergie", "dans cette période, je me sens fatigué", "ce n'est pas le bon moment", etc.

Vous les connaissez toutes : vous les avez toutes entendues de nombreuses fois, tant de la part des autres que de vous-même. Votre force d'esprit et votre détermination ne semblent vous soutenir que jusqu'à une vague planification théorique de ce qu'il faut faire et rien d'autre : dresser une liste d'objectifs ou un programme de choses à faire est facile, tandis que changer concrètement vos habitudes de vie, les éliminer et les remplacer par d'autres activités, plus fatigantes et exigeantes même si beaucoup plus gratifiantes, vous apparaît comme une tâche définitivement trop difficile à réaliser, voire impossible. Ne désespérez pas, vous n'êtes pas le seul à ressentir ce sentiment d'impuissance et de frustration : ne pas être capable de poursuivre ses objectifs personnels de manière cohérente et efficace est une condition commune qui caractérise la plupart des gens ; cela arrive fréquemment et chacun se sent enchaîné à ses habitudes et ses faiblesses, à ses petits plaisirs quotidiens, à ses rituels.

Mais il existe une solution, même si elle n'est pas du tout bon marché : développer son autodiscipline, apprendre à contrôler ses instincts, ses émotions et ses faiblesses, à tout moment de la journée et dans toutes les situations où l'on se trouve, dans le but d'acquérir la volonté nécessaire pour mener à bien ses projets personnels, même lorsqu'ils demandent beaucoup de temps, une forte détermination et un grand dévouement. Le renforcement de l'autodiscipline n'est pas un objectif pour les maîtres d'arts martiaux asiatiques ou les moines ermites sages vivant isolés dans les montagnes : chacun peut s'engager sur un chemin de croissance personnelle visant à acquérir une plus grande maîtrise de soi. Ne pensons pas aux exercices épuisants et extrêmes ou aux changements radicaux et excentriques : le chemin vers la maîtrise de soi et la discipline est praticable par chacun d'entre nous et ne présuppose aucune dot innée, aucun choix de vie ou vocation drastique, nous permettant de garder fondamentalement intact notre mode de vie antérieur ; le but est d'éliminer ou de transformer tout ce que nous considérons comme nuisible ou peu constructif aux fins de notre réalisation personnelle et de l'accomplissement de nos désirs.

Les avantages d'une plus grande maîtrise de soi sont nombreux et peuvent nous aider à gérer notre vie personnelle, familiale, sociale et professionnelle, tels qu'également notre santé et notre bien-être psychophysique, ce qui nous permet de réaliser notre plein potentiel. Alors pourquoi ne pas commencer à y réfléchir ? La route est longue et complexe, mais celui qui commence bien, en suivant les bons conseils, est déjà à mi-chemin !

Qu'est-ce que l'autodiscipline ?

"Le talent, c'est 1% de génie et 99% de sueur". - Thomas Edison

En termes simples, par autodiscipline, nous entendons la capacité de renoncer volontairement à une gratification ou à un plaisir immédiat en vue d'atteindre un objectif plus élevé et plus important sur notre échelle de valeurs personnelles ; ce qui reporte, voire supprime, la jouissance d'un sentiment positif dans le but d'en atteindre un plus élevé ou qualitativement plus élevé à l'avenir. Être une personne autodisciplinée signifie également être capable de mener à bien un engagement en restant constant et concentré dans le temps, en montrant la capacité à ne pas se laisser influencer par les émotions ressenties momentanément, qu'elles soient positives ou négatives, et par l'état d'esprit qui caractérise son propre esprit à un moment donné, ainsi que par les nombreuses distractions provenant du monde extérieur. Perfectionner son autodiscipline signifie donc acquérir une plus grande maîtrise de soi, de son corps et de son esprit, afin d'atteindre avec succès ses objectifs, qu'ils soient petits ou grands.

Au cours de la journée, il arrive très souvent que nous soyons incapables de résister aux tentations qui se

123

présentent à nous, que nous soyons incapables de résister à une impulsion ou à un désir fort, que nous soyons incapables de contrôler nos instincts, qui semblent parfois immunisés contre notre volonté ; même si nous savons pertinemment que certains comportements nous nuiront à l'avenir et compromettront nos chances de parvenir à quelque chose, il est difficile de les arrêter et de les combattre avec détermination et constance, surtout s'il s'agit d'attitudes acquises puis consolidées au fil des ans. Cinq minutes de plus au lit après le son du réveil semblent être la chose la plus agréable au monde lorsque nous sommes enveloppés dans la chaleur des couvertures par un froid matin d'hiver. Mais sommes-nous sûrs de pouvoir nous le permettre ? Ou faut-il sacrifier d'autres activités, peut-être beaucoup plus importantes et significatives, pour profiter de ce confort momentané? Il est extrêmement relaxant de passer des heures et des heures sur les réseaux sociaux, à ne rien faire d'autre que de regarder passivement des images : mais, même dans ce cas, est-ce un temps bien utilisé ? N'aurions-nous pas quelque chose de plus constructif à faire ? Cette façon de faire nous permet-elle d'être suffisamment productifs ? Le problème est que, la plupart du temps, nous ne consacrons pas volontairement une partie de la journée à ces activités récréatives, mais nous sommes littéralement aspirés et obsédés par elles, ce qui rend très difficile de s'arrêter même lorsqu'il est absolument nécessaire de se consacrer à autre chose. "Encore cinq minutes et je m'arrête" : vous le dites très souvent ? Les dommages que nous nous infligeons à nous-mêmes lorsque nous nous permettons de "surpasser", de contourner ou de reporter nos plans pour la journée, le régime alimentaire ou le programme d'entraînement sont bien plus importants que nous ne le pensons et ne se limitent pas à la "seule" activité non effectuée ou reportée : être trop indulgent avec soi-même tendra inévitablement à nous gâter, à nous rendre de moins en moins capable de contrer l'impulsivité de nos instincts et de nos besoins, qui deviendront de plus en plus urgents ; tout cela nous rend plus paresseux, plus faible et à la merci des événements tant internes qu'externes.

La plupart d'entre nous vivons entourés de confort et d'aisance, bercés par des routines monotones qui laissent peu de place à l'innovation et à l'amélioration, ainsi qu'à l'engagement et au dévouement : ce mode de vie tend, inexorablement, à affaiblir notre capacité de résistance et de sacrifice.

Très souvent, nous ne nous sentons pas capables d'apporter le moindre changement dans notre existence, même le plus petit et le plus insignifiant : non pas parce que nous n'en ressentons pas le besoin réel ou que nous n'en avons pas l'intention, mais parce que nous n'avons pas assez de discipline pour le faire, même si nous sommes plus que motivés et convaincus que c'est un changement qui nous serait bénéfique. La raison en est que nous n'avons pas suffisamment formé notre volonté et notre persévérance au cours de notre vie. C'est pour cette raison qu'il n'est pas du tout facile de changer d'attitude et d'habitudes : parfois, même les changements les plus insignifiants et banals nous déstabilisent et semblent impossibles à poursuivre si nous ne sommes pas habitués à agir avec détermination et persévérance, si nous ne sommes pas assez forts pour ne pas abandonner nos objectifs lorsque la première difficulté se présente. Même une passion profonde et une solide motivation ne suffisent pas à garantir la réalisation de nos objectifs.

La vérité est que, depuis quelque temps, on a démoli le mythe selon lequel on peut réussir avec passion, talent et intuition et que, possédant un don inné, l'engagement et la persévérance ne sont pas nécessaires pour atteindre le plus haut niveau dans son domaine d'intérêt. La croyance selon laquelle on peut tout réaliser quand on est inspiré par le feu sacré de l'amour et de la passion n'est qu'une idée romantique, rien de plus. Seuls ceux qui ont un talent inné peuvent faire de grandes choses ? Rien ne pourrait être plus faux. Même les plus grands génies de l'humanité ont dû faire face à un travail acharné et à un dévouement sans faille ; sans la sueur de votre front, vous ne pouvez guère accomplir quelque chose de vraiment remarquable. Beaucoup de personnes identifient la cause de leurs échecs dans le manque de capacité et de talent, dans l'absence de ces qualités naturelles qui leur permettraient d'avoir une satisfaction dans le travail, dans les loisirs, dans le sport, dans la vie de tous les jours : la vérité est que le talent n'est qu'une composante du succès, c'est une base, une inclination ou, si vous voulez, une facilitation naturelle. Le succès, le succès réel, stable et durable, n'arrive qu'à ceux qui sont capables de poursuivre leurs objectifs avec persévérance et dévouement : les compétences naturelles ne sont, tout au plus, qu'un point de départ ; elles peuvent, bien sûr, être d'une grande aide et d'une impulsion initiale considérable, mais elles ne sont pas tout. Le manque d'autodiscipline pourrait en effet nous coûter la pleine réalisation de notre potentiel, de nos qualités et de nos talents innés, même si ceux-ci sont remarquables et prometteurs: la réalisation personnelle repose précisément sur la capacité à tirer le meilleur parti de ses aptitudes naturelles.

Rien n'est écrit dans le destin, ni dans le patrimoine génétique : nous pouvons obtenir ce que nous voulons, naturellement dans certaines limites réalistes, en faisant appel à notre persévérance et à notre volonté. L'autodiscipline diffère profondément et substantiellement de la discipline au sens strict, celle qui est transmise par un sujet extérieur, de l'éducation qui nous est imposée depuis l'enfance ou des règles de comportement civil que nous sommes tenus de respecter dans tous les contextes, de la discipline proprement dite, telle que nous avons toujours été habitués à la comprendre. Comme le montre le mot lui-même, l'autodiscipline est une chose que nous décidons de nous imposer, volontairement, sans contrainte du monde extérieur et qui ne présuppose donc pas une pression sociale, une obligation ou une contrainte de la part de quelqu'un qui nous force à faire ce que nous faisons. C'est un choix que nous décidons de faire de manière autonome, libre et rationnelle, afin de poursuivre un objectif ou un projet qui nous est propre. C'est l'expression la plus élevée de la volonté, de la puissance et de la détermination d'une personne, ce qui exige donc un certain niveau de maturité émotionnelle, de responsabilité et de prévoyance. L'idée, enracinée chez beaucoup de gens, que la discipline doit nécessairement être comprise comme quelque chose d'imposé de l'extérieur est probablement l'un des obstacles que nous rencontrons, à l'âge adulte, lorsque nous essayons d'acquérir un plus grand contrôle sur nous-mêmes : nous sommes habitués au fait que les contraintes et les forçages doivent venir du monde extérieur, des autres, de la société et nous ne sommes donc pas habitués à imposer des règles de façon autonome, une structure de fer de comportement à forger de façon totalement volontaire.

Tout l'espace que nous parvenons à obtenir en dehors des règles et des contraintes qui nous sont imposées, nous sommes habitués à le considérer comme le royaume de la liberté absolue et du chaos. L'éducation et les habitudes qui nous sont imposées depuis l'enfance ont été acquises d'une manière si profonde et si radicale qu'il est très difficile de les défaire, alors que, dans le même temps, imposer la moindre restriction ou règle semble une mission gigantesque. Sans aucun doute, changer son comportement et son attitude à l'âge adulte peut représenter un défi considérable : les enfants sont incroyablement plus malléables et réceptifs et il est beaucoup plus facile de développer des habitudes et des compétences pendant l'enfance ; c'est pourquoi il est recommandé de commencer à jouer d'un instrument ou à pratiquer un sport dès le plus jeune âge. Mais est-il impossible de changer d'attitude en tant qu'adulte ? Ce que nous n'avons pas fait auparavant, avons-nous perdu à jamais ? Absolument pas ! Cela coûte plus d'efforts, bien sûr, mais c'est possible si nous savons comment faire et si nous sommes suffisamment motivés : "Je travaille dur, mais je ne vois pas le moindre résultat ! Vous reconnaissez-vous dans cette phrase ? Peut-être que lorsque vous le dites, les gens qui vous connaissent se moquent un peu de vous, considérant que c'est l'excuse habituelle. En fait, il est très fréquent, et probable, qu'un véritable travail ne donne pas les résultats que nous espérons. La raison en est que, malheureusement, la détermination seule ne suffit en aucun cas : il faut que la force et l'effort que nous déployons pour faire ce que nous faisons soient orientés et raisonnés, disciplinés avec précision.

Il ne suffit pas de "s'efforcer" quelques jours par semaine, peut-être seulement quand on en a envie, pour obtenir un résultat : lorsqu'il n'y a pas de discipline générale dans notre vie et notre attitude, il est particulièrement difficile d'atteindre nos objectifs. L'autodiscipline, en fait, est quelque chose qui implique notre existence à 360 degrés, et non un tour de force à mettre en place quand cela se produit. Il s'agit d'un vaste parcours qui touche tous les aspects de notre existence, à réaliser avec constance et dévouement dans le temps ; nous ne pouvons pas espérer avoir une prise de fer sur nous-mêmes si nous ne partons pas de l'auto-observation, en nous analysant en profondeur et dans tous les aspects. La vie professionnelle dépend pas de la vie personnelle, la vie sociale dépend pas de notre bien-être psychophysique, et ainsi de suite. En bref, l'autodiscipline n'est pas simplement synonyme d'engagement : elle le présuppose et l'exige, bien sûr, mais ce n'est pas exactement la même chose. L'autodiscipline, c'est avant tout le contrôle, la planification et la prévoyance : c'est la construction d'une attitude positive et constructive à long terme. Il n'y a pas d'alternative : pour avoir la meilleure chance de tirer le meilleur de soi-même et d'exploiter au maximum son potentiel, il faut s'entraîner à la persévérance, à la constance et à l'endurance ; il ne s'agit pas de changements qui se produisent du jour au lendemain, on ne peut pas penser à passer instantanément de personnes sédentaires et routinières à des aventuriers sportifs : l'astuce est de procéder progressivement, d'aller lentement, mais sans jamais s'arrêter et se décourager. Il est également important, une fois que nous avons identifié la voie à suivre, de suivre notre propre chemin, indépendamment des distractions et de la négativité que peuvent nous transmettre ceux qui tentent de nous dissuader de notre intention : comme nous l'avons déjà dit, nous sommes les seuls à savoir ce qui est bon pour nous et pour notre réalisation. Il est difficile de ne pas être conditionné ou de ne pas résister à la tentation de chercher la manière la plus simple, peut-être dans une vie statique et conventionnelle, de se conformer à la société et de faire siens les désirs et les ambitions des gens qui nous entourent ; mais sommes-nous prêts à courir le risque de sentir, tôt ou tard, que nous avons gaspillé notre vie ?

Pourquoi est-il important de développer l'autodiscipline de nos jours ?

"La discipline est le pont entre le but et le résultat". - Jim Rohn

Chacun de nous est soumis, au quotidien, à un martèlement continu par différents facteurs extérieurs : grâce aux outils technologiques, qui rendent l'échange d'informations et de données pratiquement instantané, notre attention est soumise à une sollicitation constante par d'innombrables stimuli que nous pouvons difficilement filtrer et gérer en toute conscience ; pour certains, nous les recherchons volontairement, pour d'autres, nous sommes soumis passivement, même contre notre volonté, comme dans le cas des publicités, bannières, annonces ou suggestions d'achat qui apparaissent un peu partout en surfant sur le web. La journée typique d'une personne du 21e siècle vivant en Occident est remplie de nombreuses raisons de se distraire ; certaines sont agréables et intéressantes, il n'y a rien à dire, elles nous permettent de nous détendre et de récupérer notre énergie et il n'est pas strictement nécessaire que nous y renoncions. Passer quelques moments de la journée à regarder la télévision ou à se promener sur YouTube sans but précis ne nous empêchera certainement pas de mener une vie riche et satisfaisante : ce qui compte, c'est de pouvoir fixer les bonnes limites et de toujours pouvoir arrêter quand on le juge approprié.

La surabondance de stress externe et de stimulations sensorielles continues peut même conduire à une sorte d'accoutumance malsaine : on le voit malheureusement chez les enfants qui sont autorisés à utiliser librement des appareils électroniques qui semblent littéralement aspirés par l'écran et incapables d'échapper à l'attraction globale qu'ils exercent sur leur attention. Les adultes ne sont pas moins touchés par le problème : combien de fois, à partir d'une recherche ciblée sur le web, vous retrouvez-vous à visiter des sites ou à regarder des images qui n'ont aucun rapport avec ce que vous recherchiez ; ou encore combien de fois vous retrouvez-vous à perdre des heures et des heures sur les réseaux sociaux, sur des profils de personnes que vous ne connaissez même pas ? Une fois que vous êtes entré dans le vortex de la distraction, il est difficile d'en sortir et de reprendre les activités auxquelles vous étiez initialement confronté avec la même concentration.

Les distractions continues de ce type nous conduisent inexorablement à la confusion mentale et à l'incapacité de nous concentrer au maximum sur un engagement particulier auquel nous devons faire face. Nous devons toujours garder à l'esprit que le fait d'être soumis à une stimulation continue, composée d'éléments hétérogènes et non reliés entre eux et, surtout, non sollicitée, risque d'épuiser notre capacité de concentration et nos énergies mentales au fil du temps, sans même nous en rendre compte ; la réception continue d'informations risque de nous détourner de nos objectifs et de dépouiller notre capacité à nous concentrer sur un objectif particulier. La conséquence néfaste de tout cela sera que nous nous retrouverons en extrême difficulté lorsqu'on nous demandera de nous concentrer, de mettre tous nos efforts dans une certaine tâche, qui est peut-être, après tout, la seule qui nous importe vraiment et qui a une valeur significative par rapport à nos projets de vie.

Le mode de vie typique de la société contemporaine, comme nous l'avons vu, risque de nous paresser non seulement mentalement mais aussi physiquement. Nous n'avons jamais bénéficié d'autant de confort qu'aujourd'hui : la plupart des gens sont occupés à des travaux de bureau, sédentaires et statiques ; il est rare qu'au cours de la journée, il y ait un réel besoin d'un effort physique important. Ceux qui font des efforts physiques ou manuels sont généralement ceux qui les recherchent volontairement en faisant du sport ou en cultivant des passe-temps ; et ils ne sont pas nombreux. C'est pourquoi il est courant de s'allonger, tendant à assumer un style de vie routinier et peu dynamique, limité à l'accomplissement de ce qui nous est indispensable ou de ce qui nous coûte le moins cher en termes de fatigue et d'inquiétude. Mais en adoptant cette façon de faire, ne risquons-nous pas de "gaspiller" les avantages que nous offre le mode de vie occidental ? Allons-nous transformer les garanties et les conforts en raisons de détérioration et de dégradation ? Nous entendons souvent dire que nous vivons à l'ère du multitâche : avec un processus d'adaptation aux appareils électroniques modernes plutôt inquiétant, les êtres humains contemporains doivent savoir faire beaucoup de choses en même temps : comment cela est-il possible reste un mystère, car la plupart des gens sont incapables de faire ne serait-ce qu'une chose à la fois avec engagement et concentration. La vérité est qu'à l'ère de la vitesse, voire de l'instantanéité, l'apparence d'efficacité et l'image de haute performance sont souvent plus importantes que la substance. Les gens qui se vantent de faire mille choses sont très souvent les mêmes qui les font extrêmement mal, sans amour ni passion et qui se retrouvent souvent rapidement vidés et anéantis par leur vie trépidante. L'autodiscipline nous permettra, une fois nos objectifs visualisés, de calibrer nos énergies de la meilleure façon possible, sans les disperser, afin de les utiliser au mieux pour poursuivre ce qui nous importe vraiment. Souvent, c'est précisément l'anxiété et l'agitation liées à la performance qui nous font gaspiller nos meilleures ressources, tant physiques que mentales : la tranquillité psychophysique est la meilleure garantie que nous ayons pour exploiter pleinement notre potentiel et nos qualités.

Nous ne devons pas avoir peur de "ne rien faire", de donner un répit à notre esprit et à notre corps : au contraire, la capacité de ne rien faire et de ne rien penser, aujourd'hui sous-estimée, est un élément très important pour apprendre à se concentrer et à tirer le meilleur de soi-même. Habitués à un mode de vie qui n'est pas conçu pour exploiter pleinement nos compétences, nos talents, notre inventivité et qui ne leur permet pas de se développer et de s'épanouir de manière luxuriante, nous risquons de nous réduire à de simples spectateurs des événements de notre vie, qui s'écoulent inexorablement sans que nous nous en rendions compte, et de nous rendre compte ensuite, peut-être lors de la fatidique crise de la quarantaine, que nous n'avons pas utilisé tout notre potentiel et que nous n'avons pas eu toutes les expériences de vie que nous aurions voulues. Le regret est l'un des pires sentiments que l'on puisse ressentir : comme on dit, il vaut mieux avoir des remords que des regrets ; toujours repousser ses projets à une date ultérieure peut être très risqué, après tout nous savons tous que nous ne vivrons pas éternellement !

Afin de développer votre volonté et de vous assurer que vous utilisez votre énergie de la meilleure façon possible, en obtenant des résultats certains et solides, vous devez tout d'abord connaître certaines données sur le fonctionnement de votre esprit, quels sont les mécanismes qui déterminent et régulent vos choix, vos sentiments et vos émotions, afin de pouvoir les gérer au mieux. L'étude de l'être humain et de son esprit représente peut-être le défi le plus important que les disciplines scientifiques et humanistes aient eu à relever. Tout au long de l'histoire, il y a eu des écoles de pensée très différentes, des conclusions parfois antithétiques ont été tirées et même aujourd'hui, malgré les succès et les progrès considérables, nous sommes toujours dans l'ignorance sur de nombreux aspects.

Qu'est-ce qui affecte le comportement humain ?

" C'est difficile d'échouer, mais c'est encore pire de ne pas avoir essayé de réussir. "
- Theodore Roosevelt

En 1972, le psychologue américain Walter Mischel, professeur à l'université de Stanford, a mené une célèbre expérience dont l'objet de recherche est la maîtrise de soi, connue sous le nom " expérience du marshmallow ", dont les implications intéressent encore aujourd'hui la communauté scientifique. En quoi consiste cette expérience ? Mischel a placé devant plusieurs enfants, âgés de 3 à 7 ans, un gâteau à leur goût, en leur expliquant que s'ils pouvaient résister pendant plus de 15 minutes à la tentation de le manger, ils en recevraient un autre ; à ce stade, les enfants sont laissés seuls dans une pièce, assis sur une chaise et avec la douce tentation placée sur une assiette juste devant eux. Les scènes suivantes sont tragicomiques ! Les pauvres enfants sont tous tentés d'essayer de se distraire de l'instinct de prendre le bonbon et de le manger en une seule bouchée : quelqu'un fredonne une chanson, quelqu'un tord les vêtements et les cheveux, quelqu'un se couvre les yeux avec ses mains : c'est vraiment difficile de résister ! Seul un tiers des petits participants sera capable de résister à l'envie de manger le dessert immédiatement pour en avoir un deuxième, tandis que les autres ne feront pas preuve de suffisamment de maîtrise de soi pour reporter la satisfaction, préférant, au sens figuré, l'œuf aujourd'hui à la poule demain. Les résultats et les implications les plus intéressants de cette expérience résident dans ses prolongements, qui sont en cours aujourd'hui : les participants à l'expérience ont été soumis, à l'adolescence puis à l'âge adulte, à d'autres types de tests. L'intention du professeur Mischel était, dès le début, de surveiller comment les traits de caractère et les comportements des enfants qui faisaient preuve d'une plus grande autodiscipline que ceux qui ne pouvaient pas résister à la tentation de manger la première guimauve seraient différents dans les années suivantes.

Les résultats ont été révélateurs : les enfants qui ont prouvé qu'ils étaient capables de se contrôler devant le dessert sont les mêmes qui, en âge scolaire, ont obtenu les meilleurs résultats et, à l'âge adulte, ont eu plus de succès dans leur vie professionnelle et personnelle, montrant une plus grande résistance au stress, une plus grande estime de soi et même un indice de masse corporelle plus bas. Quelles conclusions pouvons-nous tirer de ces données ? Que nous apprennent-ils sur le comportement humain et en particulier sur l'autodiscipline ? Cette expérience souligne la grande importance de l'autodiscipline dans notre vie, une capacité que nous pouvons considérer comme une garantie de succès et d'épanouissement personnel. Comme nous l'avons vu d'après les résultats du test, seul un petit nombre d'enfants participant à l'expérience ont pu reporter leur satisfaction afin de réaliser quelque chose de plus, bien que ce ne fût pas, après tout, une tâche si onéreuse et difficile à accomplir : même en sachant qu'en abandonnant une petite tentation ils auraient réalisé quelque chose de nettement plus gratifiant, ils n'ont pas pu s'imposer et lutter contre leurs pulsions immédiates. L'autodiscipline est une faculté sur laquelle il faut travailler au fil du temps, car très peu d'individus la possèdent, pour ainsi dire, de manière innée, en la recevant "en cadeau" avec leur propre caractère. La capacité à contrôler ses impulsions instinctives est une clé pour mieux réussir dans la vie, pour planifier au mieux ses actions et pour évaluer les situations de manière critique et objective : quelle que soit notre condition de départ, nous ne devons pas douter que, même à l'âge adulte, nous pouvons apprendre à gérer nos impulsions de la meilleure manière possible, grâce à ce que nous pourrions appeler une véritable formation, comme un stage ou un programme de formation. Quelqu'un a avancé des hypothèses intéressantes selon lesquelles la volonté peut dépendre directement de la première éducation donnée aux jeunes enfants dès les phases d'allaitement et de sevrage et que, par conséquent, une plus grande autodiscipline est attribuable à la culture d'appartenance ou au type d'éducation reçue. Il est extrêmement difficile de faire des généralisations et de faire face à cette question : chaque époque et chaque culture a développé ses propres "règles" sociales, son propre code de conduite qui gère la manière dont nous nous rapportons à nos émotions, tant en privé qu'en public

; cette approche est la nôtre depuis l'enfance et il est extrêmement difficile qu'elle diminue au fil des ans. D'une manière générale, il est toujours très difficile d'identifier une cause univoque à partir d'un certain trait de caractère, d'une certaine façon de se poser, d'une attitude répétée dans le temps ; de même, il est très difficile d'établir de quoi dépend la possession innée et naturelle d'un certain degré de maîtrise de soi et de discipline.

Cependant, nous pouvons affirmer, avec un certain degré de sécurité, que les actions et les réactions des personnes les plus impulsives et les moins capables de se contrôler tendent à être gérées de manière plus décisive et prédominante par le système limbique, tandis que celles des personnes les plus contrôlées et disciplinées par le cortex préfrontal. Qu'est-ce que cela signifie ? Quels sont les éléments qui caractérisent ces deux zones cérébrales différentes ? Le cerveau humain porte en lui la trace de l'évolution qui a marqué l'histoire anthropologique : la structure du cerveau, en effet, est composée de plusieurs zones, qui correspondent à différentes couches évolutives. La théorie du cerveau trinitaire, développée par le scientifique Paul MacLean, repose sur l'idée que le cerveau est composé de trois niveaux différents : un cerveau reptilien, un cerveau limbique et un cerveau néocortical ; chacune de ces zones, à son tour composée de plusieurs composants, est responsable de la régulation d'une fonction comportementale spécifique. Le cerveau reptilien, comme on peut le déduire du nom, est l'élément le plus ancien et que, d'une certaine manière, nous partageons avec de nombreuses autres espèces animales : c'est la zone du cerveau chargée de contrôler les instincts primordiaux, ceux qui régulent les besoins fondamentaux pour assurer notre survie, la nôtre et celle de l'espèce tout entière. Le cerveau limbique, également appelé cerveau paléo mammifère, puisqu'il caractérise les mammifères, occupe une position plus avancée sur l'échelle de l'évolution : c'est le système cérébral responsable du contrôle des émotions et des sentiments et de leur expression, tant négative comme la colère et la peur, que positive comme la joie et l'amour. Enfin, le cerveau néocortical comprend toutes les structures cérébrales impliquées dans l'exercice de la rationalité, donc, en simplifiant beaucoup, dans toutes ces activités et capacités qui distinguent l'homme des autres animaux : nous pourrions le définir comme le véritable cerveau "pensant".

Ce que nous essayons d'imposer à notre esprit, ou à notre cerveau, lorsque nous nous engageons à développer notre autodiscipline, c'est de donner un plus grand pouvoir de contrôle à la zone rationnelle, celle qui est plus avancée sur le plan de l'évolution que le cortex préfrontal, qui agit dans une zone plus froide, plus logique, détachée du système émotionnel régulé principalement par le système limbique, qui fait qu'une réaction immédiate et peu raisonnée correspond à un stimulus, héritage génétique d'une époque, aujourd'hui lointaine, où la vie exigeait des éclairs et des décisions instinctives, si nous voulions assurer notre survie. Si nous voulions fournir une clé d'interprétation de l'expérimentation du marshmallow à partir de ces informations sur le fonctionnement de notre cerveau, nous pourrions dire ceci : chez les enfants qui ne pouvaient pas s'empêcher de saisir le gâteau pour le manger immédiatement, le système limbique a pris le contrôle total de la situation, sapant et marginalisant la contribution du cerveau néocortical, ce qui, pour sa part, aurait nécessité de reporter la gratification en vue d'un bénéfice bien plus important. Comme nous l'avons dit, il est très difficile d'expliquer pourquoi cela se produit. L'étude de l'esprit humain est une discipline extrêmement complexe : il existe différentes écoles de pensée, le sujet est extrêmement compliqué et fait l'objet de débats depuis des siècles.

De la psychologie, à la philosophie, à l'anthropologie : il y a différentes branches de la connaissance qui traitent du comportement humain, en essayant de comprendre sa logique, ses fondamentaux, pour savoir dans quelle mesure il peut être modifié par la volonté, quels sont les facteurs fondamentaux qui le conditionnent, quelle place nous devons donner à la génétique et quelle place nous devons donner à l'environnement, au contexte social, aux expériences. Ce que nous pouvons dire avec une relative certitude, c'est que chacun d'entre nous, comme toutes les autres espèces animales, est doté, dès sa naissance, d'instincts innés, que la nature nous a fournis afin de pourvoir à nos besoins de survie et d'un bagage génétique qui nous rend unique par rapport aux autres êtres humains. Avec les progrès de la civilisation, nous avons tous appris à apprivoiser et à gérer, dans une certaine mesure, nos pulsions primaires : cela nous a permis de construire des civilisations organisées et évoluées, de poursuivre des objectifs qui ne se limitent pas au simple approvisionnement en nourriture et à la recherche de partenaires sexuels. Bien sûr, cette répression systématique des pulsions naturelles nous présente souvent un récit problématique : c'est le soi-disant malaise de la civilisation, comme le disait Freud, qui peut se manifester indirectement sous diverses formes, même pathologiques.

Nous ne parcourons certainement pas la ville en brandissant une massue et en volant de la nourriture des mains des passants, mais la plupart d'entre nous s'attardent très fréquemment sur des comportements et des activités bas et peu édifiants, même si, pour ainsi dire, ils sont socialement acceptés. Même en menant une vie paresseuse et sédentaire, nous nous livrons à nos instincts et plaisirs les plus immédiats et les plus insignifiants ; nous nous limitons à éviter soigneusement tous ces comportements socialement inacceptables, mais nous ne réprimons pas nombre de ces attitudes dont nous savons qu'elles sont inutiles ou pire encore nuisibles, principalement pour nous-mêmes et nos proches. Posséder un plus grand contrôle de nos instincts signifie disposer d'un outil fondamental pour aspirer à des buts et des objectifs beaucoup plus élevés et plus importants. Obtenir la liberté de mener une vie paisible et confortable est, si l'on veut, un luxe que notre civilisation a difficilement atteint : nous ne préférerions certainement pas avoir à faire face, au quotidien, à des bêtes féroces, à des guerres ou à des situations qui mettent constamment notre vie en danger. Toutefois, il est important de s'efforcer de faire de ce privilège un véritable avantage, et non d'en faire un fardeau et une condamnation de la paresse, tant physique que mentale. Tout comme nous avons fait des progrès incroyables par rapport à nos ancêtres qui vivaient à moitié nus dans des grottes, nous pouvons aspirer à nous améliorer grâce à de nouvelles compétences, en tirant parti de notre potentiel naturel avec intelligence et méthode. Nous avons vu comment une plus grande maîtrise de soi a garanti aux enfants de l'expérience un plus grand succès et une plus grande satisfaction de la vie : tout comme nous avons appris chaque jour à réprimer plusieurs de nos instincts fondamentaux, nous pouvons aspirer à acquérir un contrôle toujours plus étroit de nos impulsions involontaires, de sorte que chacune de nos actions soit soumise à l'examen vigilant de la rationalité. Notre esprit est un outil extrêmement puissant et la plupart d'entre nous ignorent son véritable potentiel : accablés et dépendants de nos habitudes quotidiennes, nous nous sentons rarement incités à explorer nos véritables capacités, à nous fixer des objectifs de plus en plus élevés, tant sur le plan mental que physique. On dit souvent que les êtres humains n'utilisent que 10 à 20 % du potentiel de leur cerveau : bien sûr, nous ne sommes pas en mesure de quantifier ces données avec une telle précision que fournir un pourcentage risque d'être une simplification excessive. Ce qui est prouvé et indéniable, c'est que, s'il n'est pas soumis aux stimulations appropriées, notre esprit tend inexorablement à se détendre et le passage du temps risque d'aggraver la situation : c'est pourquoi il est suggéré aux personnes âgées de toujours rester actives pour éviter le développement de pathologies telles que la démence ou la maladie d'Alzheimer, mentalement avant même physiquement. Comme tous les animaux, les êtres humains sont appelés à satisfaire certains besoins fondamentaux : mais contrairement aux autres espèces, les êtres humains sont faits d'instinct et de rationalité : c'est ce qui les différencie des autres animaux. Notre esprit est capable de freiner les instincts, de retarder l'obtention du plaisir, de planifier des actions. Outre une plus grande maîtrise des instincts, les êtres humains ont, tout au long de l'histoire, développé et cultivé une série de motivations et d'objectifs supérieurs à la simple satisfaction des besoins physiologiques : chaque culture, chaque époque et chaque être humain cultive ses aspirations, ses désirs, ses projets de vie.

Cependant, il arrive souvent que notre volonté et notre détermination ne soient pas à la hauteur de nos souhaits et de nos ambitions. Si votre motivation et votre volonté ne sont pas suffisantes pour vous guider vers la réalisation de vos projets, vous devrez développer une plus grande autodiscipline. N'ayez pas peur : différer ou refuser la jouissance d'un plaisir, physique ou mental, n'a pas pour but de supprimer notre composante instinctive et passionnelle. Il existe de nombreuses orientations philosophiques et religieuses qui font de l'éradication totale des désirs leur but ultime : ce n'est pas cela l'autodiscipline, telle que nous la comprenons. Au contraire, ce que nous voulons obtenir par l'accomplissement de l'autodiscipline et de la maîtrise de soi, c'est la satisfaction des passions les plus élevées, des passions les plus nobles ou simplement de celles qui nous tiennent le plus à cœur et dont nous savons qu'elles peuvent nous apporter une satisfaction bien plus grande que les petits plaisirs quotidiens.

Comment acquérir une plus grande autodiscipline

"Il n'y a pas de vent favorable pour celui qui ne sait pas où aller" - Lucio Anneo Seneca

Beaucoup de gens pensent que l'autodiscipline est une sorte de dot innée, qu'elle est le résultat d'une disposition de caractère très précise et que la capacité à se contrôler et à se discipliner est une qualité qui ne peut pas être développée au cours de la vie, surtout à l'âge adulte : soit on l'a, soit on ne l'a pas ! En réalité, ce n'est pas du tout le cas : la maîtrise de soi et la volonté sont deux facultés que nous pouvons entraîner et améliorer grâce à un entraînement ciblé, tout comme s'il s'agissait de muscles du corps. Les débuts, vous le savez, sont toujours difficiles et frustrants, parfois même démoralisants : nous voyons tout le chemin qui nous reste à parcourir, une route en montée qui ne nous permet pas de distinguer clairement le but final pour lequel nous nous battons. Par quoi devons-nous commencer lorsque nous fouillons dans l'obscurité totale ? Comment sortir de votre routine quotidienne et commencer à améliorer votre vie ? A partir d'une analyse approfondie et critique de soi-même et de ses défauts. L'adage socratique, qui a traversé tous les siècles de l'histoire humaine depuis la Grèce classique, est plus valable que jamais de nos jours : il ne sert à rien de s'inquiéter du monde extérieur et des autres si nous ne nous connaissons pas nous-mêmes au départ.

Apprendre à se connaître

Avoir une stratégie gagnante pour réussir ne sert à rien si nous n'avons pas un objectif clair à atteindre. Peut-être êtes-vous une personne sédentaire, avec un travail monotone et sans perspectives, vous ne cultivez pas d'intérêts ou de hobbies et cela vous convient, vous êtes serein et en paix avec vous-même et vous ne changeriez rien à votre vie, pour rien au monde. Quel droit les autres ont-ils de juger ? Chacun est libre de mener le style de vie qu'il veut, personne ne doit s'inquiéter de ce que pensent les autres. Le chemin vers l'autodiscipline est difficile et complexe, il exige dévouement, engagement et constance ; il s'adresse donc à toutes les personnes qui ressentent un besoin profond de procéder à des changements substantiels et drastiques dans leur vie personnelle, à celles qui se sentent emprisonnées dans leur routine et leurs limites et ressentent le besoin d'entamer un nouveau chemin, qui les mènera vers la réalisation de leurs objectifs. L'autodiscipline est une voie qui ne peut être suivie que par ceux qui ont la bonne motivation, par ceux qui veulent que leur vie prenne une autre direction, par ceux qui se sentent piégés dans leur routine quotidienne et aspirent à autre chose.

Après tout, il serait inutile de devenir des personnes disciplinées et productives si nous n'avons pas d'objectif fixe : ce serait comme tourner, avec difficulté, en vain. La plupart des gens cultivent en eux des rêves, des désirs, des espoirs : qu'il s'agisse de ceux qui nous accompagnent dès le plus jeune âge ou de nouveaux projets qui sont le fruit d'un récent et fulgurant éclair de génie, nous avons tous généralement envie de quelque chose. La première étape pour vous réaliser est de reconnaître, d'accepter et d'apprécier vos désirs, même s'ils semblent impossibles à réaliser ou s'ils sont en contradiction avec votre mode de vie actuel ! Vous êtes directeur d'une grande entreprise mais votre rêve est de devenir un maître du tango ? Vous êtes mère de cinq enfants mais vous voulez entrer à l'université ? Acceptez votre désir avec sérénité, en évitant les décisions risquées dictées par l'instinct, mais en planifiant avec calme et rationalité ce qui pourrait être une solution réaliste pour obtenir ce que vous voulez. La première étape pour atteindre le résultat souhaité ? Comprendre ce que l'on veut, être toujours sincère et honnête avec soi-même. Beaucoup de gens vivent des vies qu'ils ne ressentent pas du tout comme les leurs : piégés dans une carrière qui leur a été imposée par leur famille, obligés de passer leur temps libre à faire des activités qu'ils planifient pour les autres, forcés d'adopter une attitude qui leur semble imposée de l'extérieur. La première étape pour faire une réelle différence dans notre existence est de comprendre ce que nous voulons vraiment pour nous-mêmes, sans conditionnement extérieur et sans pression de la famille, des amis ou du cercle social auquel nous appartenons. Souvent, une profonde insatisfaction se cache dans des personnes apparemment comblées, dont on ne saurait douter du bonheur et de l'épanouissement, en s'arrêtant au moins à une analyse superficielle.

Contrairement à ce que nous serions tentés de croire, ce sont souvent les personnes qui ont obtenu de plus grandes réussites dans la vie qui se sentent écrasées par une routine oppressante qu'elles ne se sentent pas elles-mêmes, incapables de se libérer de la routine quotidienne qui s'est consolidée au fil des ans et qui draine toutes leurs énergies vitales. Habitués à ne faire plaisir aux autres et à ne donner le meilleur d'eux-mêmes que du point de vue du travail ou de l'école, beaucoup de gens perdent, avec le temps, le contact avec eux-mêmes, s'éloignant de ce qu'ils veulent vraiment : reprendre les rênes de leur vie, à ce moment-là, est une tâche ardue, mais grâce à l'acquisition d'un plus grand contrôle d'eux-mêmes et de leurs émotions, il est toujours possible de donner un tournant décisif à leur existence. Il n'est parfois pas facile de chercher en soi-même quels sont nos désirs les plus authentiques, car ils sont enterrés et oubliés au fil des ans, minés par la routine, les engagements ou le désir de plaire à quelqu'un : il faut parfois une longue période de transition avant de pouvoir entendre à nouveau notre véritable voix intérieure. Vous pouvez vous sentir malheureux, déprimé ou insatisfait, mais vous ne comprenez même pas pourquoi et vous ne savez pas ce qui pourrait vous faire sentir mieux : dans ces cas-là, il est difficile d'obtenir de vous-même des réponses immédiates qui puissent guider et éclairer le chemin que vous devez prendre.

Vous pourriez commencer par vous occuper de choses plus simples : acquérir des habitudes plus saines, garder votre maison ou votre bureau rangé, faire plus de sport, lire davantage. La spécificité et la délimitation sont des garanties de succès : commençons par les petites choses, qui ne sont peut-être pas de vrais rêves, pour acquérir la bonne détermination et la volonté d'explorer en soi et de revenir à sa volonté et à ses ambitions réelles, dormant de l'habitude et des années passées à vivre une vie qui n'était peut-être pas la vôtre. Pour atteindre le bonheur et la sérénité, il est fondamental d'apprendre à s'écouter et à écouter sa voix intérieure : efforcez-vous, jour après jour, d'avoir toujours l'esprit et le cœur clairs, de savoir ce que vous voulez et ce que vous désirez, et pas seulement de faire plaisir aux autres. Il ne s'agit pas de devenir égoïste et négligent à l'égard des autres, mais d'individus qui, à juste titre et légitimement, pensent à leur propre bien-être, ne tenant pas pour acquis qu'ils doivent toujours faire passer le bien-être des autres avant le leur. Dans les limites de l'éducation et du bon sens, forcez-vous à vous exprimer, à exprimer votre déception ou votre opposition : n'hésitez jamais à dire ce que vous pensez et à préciser ce que vous voulez. Cette attitude vous fera acquérir, au fil du temps, de plus en plus de contact avec vous-même et vos émotions.

Avant de s'engager dans une voie visant à atteindre une plus grande autodiscipline, il est important de comprendre quels sont les objectifs que nous voulons atteindre et pour lesquels nous sommes prêts à investir de l'énergie et à faire des sacrifices : au moins à un stade précoce, il serait insensé de se concentrer sur une multitude de projets différents ; au contraire, il vaut mieux établir une liste raisonnée des objectifs les plus importants à un moment donné, sur lesquels nous devons consacrer toute notre énergie : il est donc important qu'ils soient des objectifs particulièrement motivants, sur lesquels nous devons nous concentrer totalement, afin de ne pas disperser notre énergie et notre concentration. D'autre part, ceux qui ne veulent rien de trop se retiennent ! Comme nous le verrons plus tard, plus un objectif est précis et défini, plus il sera facile de le poursuivre, en obtenant des résultats tangibles et rapides.

Faites un examen critique de vous-même

L'une des principales causes d'échec est d'être trop indulgent avec soi-même, de se pardonner toutes ses fautes et ses défauts. Mettons-nous, métaphoriquement, devant un miroir et soumettons-nous avec nos habitudes, nos traits de caractère et notre comportement à un examen critique, sévère et rigoureux ; concentrons notre attention sur nos défauts et nos lacunes et évaluons l'impact négatif qu'ils ont sur notre épanouissement personnel et la réalisation de nos objectifs. Nous pensons donc à tout ce que nous devrions ou voudrions améliorer à notre sujet, sans faire appel à des justifications, des excuses ou des circonstances atténuantes, comme nous l'avons bien sûr déjà fait auparavant.

Juger sans pitié peut être l'une des plus fortes motivations pour prendre notre vie en main et décider de faire des changements drastiques. Aimez-vous ce que vous êtes devenu ? Êtes-vous satisfait de votre position allongée ? Y a-t-il des aspects de votre personnalité que vous devriez changer ? Votre façon de faire est-elle toujours appropriée ? Vous devez être votre critique la plus pédante et la plus inflexible, vous ne devez pas attendre de quelqu'un d'autre qu'il vous montre la voie de votre amélioration : vous seul savez ce qui est le mieux pour vous. Ou plutôt, nous ne devrions certainement pas rejeter l'aide qui nous est proposée : les suggestions, surtout si elles viennent de ceux qui nous aiment et qui se soucient de nous, peuvent être d'une aide très importante ; très souvent, nous regarder avec les yeux des autres peut être la seule clé pour obtenir un jugement vraiment objectif de nous-mêmes.

Mais en même temps, vous ne devez pas oublier que vous êtes le seul responsable de vous-même et de vos choix : si vous échouez, vous n'aurez pas la possibilité de rejeter la faute sur quelqu'un d'autre. Il faut donc identifier objectivement quels sont vos défauts, vos habitudes les plus néfastes, vos peurs et vos faiblesses : commençons par déconstruire, par fragmenter votre routine quotidienne, brique par brique, action après action, en décidant ce qu'il faut laisser et ce qu'il faut enlever, ce qui est fonctionnel pour atteindre ce que vous voulez et ce qui ne l'est pas ; calmement, jour après jour, vous les remplacerez par de nouvelles habitudes, de nouvelles attitudes, de nouvelles activités. Les êtres humains, vous savez, ont tendance à regarder la paille dans les yeux des autres, en négligeant la poutre dans les leurs : critiquer et juger les autres est incroyablement plus facile que s'observer soi-même avec un esprit objectif.

Pourtant, être capable de s'autocritiquer, de regarder ses propres défauts de manière positive et avec une certaine ironie, est l'une des caractéristiques fondamentales des personnes qui réussissent, de celles qui ne cessent de tirer les leçons de leurs erreurs et de leurs faiblesses. Il est important de s'évaluer en réaction aux autres et au monde qui nous entoure : examinons-nous notre comportement, nos actions et nos réactions envers les autres : sommes-nous toujours adéquats ? Sommes-nous pris dans l'émotion du moment et risquons-nous de compromettre nos relations ? En plus de l'intelligence logique, il est fondamental dans la vie de développer sa propre intelligence émotionnelle, et d'apprendre à se comporter de la manière la plus appropriée et la plus consciente lorsque nous sommes avec d'autres personnes, en gérant ses propres émotions et en reconnaissant celles des autres.

La capacité à faire son autocritique est donc un élément essentiel d'un cheminement personnel sain et positif : il faut cependant faire très attention à ne pas en faire trop, au risque de devenir excessivement critique et prétentieux envers soi-même. En fait, beaucoup de gens ont tendance à assumer beaucoup plus de responsabilités qu'ils n'en ont réellement, se jugeant toujours inadéquats et évaluant toujours leur travail comme insuffisant. La vertu se trouve au milieu : prenez vos responsabilités, mais sans attribuer de reproches ou de fautes que vous n'avez pas vraiment, ne portez pas le poids du monde entier sur vos épaules.

Une fois qu'une carence, une inadéquation dans votre façon de faire est identifiée, il est toujours important d'être constructif : ne vous laissez pas aller à pleurer ou à vous apitoyer stérilement, mais agissez toujours positivement, dans le but de tirer les leçons de vos erreurs, en en faisant toujours une nouvelle opportunité de croissance et d'amélioration. Que pouvez-vous réellement faire pour devenir plus autocritique ? Encouragez les autres (membres de la famille, collègues ou amis) à dire ouvertement et sincèrement ce qu'ils pensent de vous et de votre travail, sans vous offenser en cas de critique mais, au contraire, efforcez-vous toujours d'accueillir les commentaires constructifs. Agissez de manière à toujours remettre en question la pertinence et la légitimité de votre comportement : combattez cette tendance naturelle à vous mettre sur la défensive et à vous justifier lorsque vous recevez des critiques et efforcez-vous de les accueillir positivement, en les considérant comme une bonne occasion d'amélioration. Ne supposez pas que les autres ont toujours tort, remettez-vous en question autant que possible ! Quand on pense à nos problèmes, à nos échecs, à nos défaillances, on a tendance, la plupart du temps, à rejeter la faute sur les autres : la famille, le partenaire, le milieu dans lequel on a grandi, le patron au travail ; ce sont toujours les autres qui nous coupent les ailes et nous empêchent de prendre notre envol ! Faire porter le chapeau aux autres est un stratagème pour éviter d'assumer la responsabilité de ses propres actions : concentrez-vous sur vous-même et sur ce que vous pouvez faire en pratique, ne pensez pas au monde extérieur et, même s'il y a quelqu'un à blâmer, faites face avec lucidité et allez de l'avant, sans trop ruminer ni garder rancune.

Établir une liste d'objectifs semble être une opération facile, inutile, que chacun peut faire sans trop y réfléchir et sans devoir suivre des règles particulières ; en fait, établir une liste raisonnée de ses propres objectifs peut également être un véritable défi, car cela nécessite le respect d'un certain critère. Imaginons que nous ayons devant nous une feuille de papier sur laquelle nous pouvons écrire nos désirs les plus importants, ceux qui nous tiennent le plus à cœur : le simple fait d'écrire "Je veux être heureux" aidera-t-il à déterminer une stratégie réaliste pour améliorer sa vie ? Certainement pas, car il est trop vague et générique pour être traduit en une série d'habitudes quotidiennes, en une stratégie, en un projet dont nous pouvons évaluer les résultats en peu de temps. Surtout au début, il est extrêmement utile de penser en "petit", de résister à la tentation de tout vouloir et immédiatement, en se concentrant au contraire sur des objectifs quantifiables et gérables que nous pouvons intégrer plus facilement et immédiatement dans notre routine quotidienne. Nous devons toujours être en mesure d'évaluer le plus précisément possible le pourcentage de réalisation de nos objectifs : il sera difficile de le faire si nous nous sommes fixés des objectifs trop généraux. Il sera beaucoup plus fructueux de dresser une liste, un programme d'engagements beaucoup plus limités et précis : essayons alors d'établir une stratégie précise au jour le jour de ce que nous pourrions cocher à la fin de la journée. Vous voulez être plus productif au travail ? Vous voulez vous coucher tranquillement en sachant que vous avez donné le meilleur de vous-même chaque jour ? Alors ne vous limitez pas à vouloir simplement être plus productif et plus performant, mais décidez en détail de vos objectifs spécifiques. Vous êtes écrivain ou journaliste ? Fixez une quantité impérative de mots que vous devez écrire chaque jour. 3 000 ? Au bout du compte, vous saurez avec une certitude absolue si vous avez réussi ou non cette tâche : bien plus utile qu'un "je veux écrire plus" générique. Votre objectif principal est-il de vous améliorer dans le domaine du sport ? Vous voulez retrouver votre forme ?

Même l'objectif "Je veux retrouver la forme" risque d'être trop large et de ne pas être caractérisé par un contenu suffisamment précis et défini : au bout du compte, nous ne pourrons pas nous dire si nous avons fait ou non ce que nous avions prévu de faire. Il est préférable de préférer des engagements tels que : "Je veux pouvoir courir 10 minutes tous les matins", "Je veux passer 2 heures par semaine à l'entraînement", "Je veux me promener après le dîner". Avec le temps, la forme physique viendra d'elle-même ! Ne vous limitez pas à un "je veux faire plus d'exercice" générique : établissez une liste très détaillée d'activités précises à faire chaque jour, éventuellement avec l'aide d'un professionnel. Vous n'avez aucune chance d'y échapper : au bout du compte, que vous les ayez faites ou non, il n'y a pas de solution intermédiaire.

Bien sûr, vous pouvez le faire mal et à contrecœur au début, mais c'est une autre affaire ! À cette fin, vous pouvez emprunter l'un des systèmes utilisés dans la gestion des entreprises, la méthode dite SMART : c'est une technique que nous pouvons utiliser immédiatement pour apprendre à dresser une liste d'objectifs réalistes et réalisables, qui se prêtent à un contrôle et à un suivi appropriés dans le temps. Analysons l'acronyme :

S : Spécifique
M : Mesurable
A : Réalisable (achievable en anglais)
A : Réaliste
T : Temporisé

Nous établissons une liste d'objectifs qui, dans la mesure du possible, répondent à ces caractéristiques. Premièrement, il est essentiel qu'elles ne soient pas trop vagues ou génériques : plus nous serons précis et sélectifs dans nos objectifs, plus nous aurons de chances d'obtenir ce que nous voulons à court terme. Il est également important qu'il soit possible de mesurer, dès le début, nos progrès ; bien sûr, tout ne se prête pas à être exprimé en termes numériques, c'est une chose de vouloir augmenter le nombre de tractions quotidiennes, c'est une chose de vouloir augmenter notre capacité à jouer d'un instrument. Ce que nous pouvons faire dans ces cas-là, c'est contrôler le temps que nous consacrons, jour après jour, à une certaine activité, ou les temps que nous consacrons à une action : il sera plus difficile de quantifier les progrès réels, mais nous pouvons garder une trace du temps que nous consacrons à l'activité. Afin de ne pas courir le risque d'être excessivement déçu par des résultats bien en dessous de ses attentes, il est important que ses objectifs soient calibrés sur les capacités réelles et effectives du moment, et qu'ils soient donc réalistes ; surtout dans les premiers temps, notre corps et notre esprit peuvent ne pas être en mesure de relever avec succès tous les défis qui se présentent à eux : il est important de ne pas exagérer, en tenant toujours compte du besoin physiologique de repos et de récupération. Enfin, il est essentiel de toujours veiller à fixer une date précise, un délai dans lequel s'engager à réaliser notre objectif : après tout, comme l'a dit Walt Disney, la différence entre un rêve et un objectif est une date !

Se coucher le soir en sachant qu'on a réussi un certain résultat nous donnera la bonne motivation pour affronter le lendemain avec la charge nécessaire pour faire encore mieux. Au contraire, si nous n'avons pas réussi à atteindre tous nos objectifs comme nous l'aurions souhaité, grâce à une liste, nous saurons avec certitude ce qui a été fait et ce qui ne l'a pas été, ce qui nous permettra d'agir de manière ciblée et constructive : cela peut sembler idiot ou superflu, mais ne sous-estimez jamais l'importance d'avoir une liste avec les éléments à cocher !

Apprendre à éliminer le superflu

Pour s'engager sur la voie du progrès personnel de la manière la plus constructive possible, il faut être réaliste et ne pas être tenté de cultiver de faux espoirs : vous n'avez pas, et n'aurez jamais, assez d'énergie pour tout faire et le faire bien. Il n'y a pas de super hommes ou de super femmes, il est illusoire de penser qu'on peut exceller dans tous les domaines et avoir un esprit suffisamment clair et un corps suffisamment fort pour faire face à une quantité illimitée d'engagements et de tâches quotidiennes. Nous devons nécessairement prendre des décisions et nous sommes constamment appelés à exclure de nombreuses activités de notre vie, afin de pouvoir poursuivre avec un plus grand engagement ce qui nous intéresse vraiment et auquel nous attachons une plus grande valeur.

C'est une question de priorités : au cours de la journée, notre attention est attirée, parfois trompée ou même épuisée par d'interminables apports extérieurs, vers lesquels nous nous tournons continuellement mais distraitement ; ce que nous voulons atteindre est totalement différent, c'est même le contraire : être capable d'une concentration intense qui se tourne uniquement et exclusivement vers ce qui est vraiment important pour nous, afin de toujours pouvoir visualiser avec soin et poursuivre notre objectif avec constance. Ces dernières années, nous assistons à l'affirmation de la "mode" du minimalisme : si vous faites une recherche rapide sur le web, vous trouverez de nombreux exemples de la manière dont, de nos jours, se débarrasser d'objets inutiles et apprendre à s'en passer sont de plus en plus définis comme des besoins fondamentaux, à la fois pratiques et, surtout, existentiels. Nous vivons dans une société de consommation, nous sommes bombardés de publicités, d'offres, de rabais, de conseils d'achat, et nous nous retrouvons souvent à rentrer chez nous avec une vingtaine d'enveloppes alors que nous sommes sortis juste pour acheter du pain. Nos maisons débordent littéralement d'objets d'une utilité douteuse que nous n'avons jamais utilisés et n'utiliserons jamais : équipements sportifs, kits de bricolage, outils de jardin, vêtements que nous n'aimons pas ou qui ne nous vont pas.

Malheureusement, il ne suffit pas de se débarrasser d'objets inutiles pour libérer son esprit de tout ce qui est superflu : soucis, pensées négatives, angoisses inutiles, peurs ou même phobies. Bien sûr, le minimalisme est sans aucun doute une bonne pratique et un excellent point de départ, mais ce qui compte vraiment pour devenir des personnes autodisciplinées est d'apprendre à exclure de notre vie les activités, les engagements ou les soucis dont nous pensons pouvoir, ou devoir, nous passer. Avoir un mode de vie "minimal" peut aider, mais pour atteindre un véritable équilibre, il faut tenir compte de beaucoup d'autres choses. Il est important que notre esprit soit débarrassé de tout ce que nous ne considérons pas comme fondamental pour atteindre notre objectif : l'autodiscipline est un chemin difficile et fatiguant, et avoir des fardeaux, un poids mort sur les épaules est la pire façon d'entamer un chemin de changement intérieur. Cela peut prendre de nombreuses formes : devoir éliminer les personnes nuisibles, s'éduquer pour ne pas ruminer les problèmes passés, ou même pardonner à quelqu'un, se débarrasser de la colère et du ressentiment.

Il est également important d'apprendre à se passer de toutes ces activités inutiles ou même nuisibles, auxquelles nous consacrons souvent de nombreuses heures de nos journées ; cela ne signifie pas ne pas pouvoir se livrer à des distractions ou à des divertissements, mais être capable d'organiser notre routine quotidienne de manière à ce qu'elle n'empiète pas sur les activités les plus importantes. Décidons du temps à consacrer aux activités de loisirs, comme sortir avec des amis, faire des rencontres, regarder la télévision et s'engager, chaque jour, à respecter ce plan. Que pouvons-nous faire concrètement pour apprendre à donner la place qui convient à chaque activité et, par conséquent, à toujours nous organiser de la meilleure façon possible ? Afin de garder vos priorités claires dans votre esprit, il peut être utile de dresser une liste de ce qu'on appelle les MIT (Most Important Tasks) : il ne s'agit pas seulement d'une liste de choses à faire, mais d'une liste d'objectifs qui nous tiennent le plus à cœur et qui ont la priorité absolue sur d'autres activités ; ce n'est pas tous les jours que nous pourrons consacrer le temps et l'énergie que nous voulons et devons consacrer à nos objectifs, mais il est utile de les avoir toujours à l'esprit lorsque nous

nous consacrons à nos tâches quotidiennes, afin que nous soyons toujours clairs sur nos objectifs et que nous placions toujours toutes nos activités sur une échelle d'importance.

Comme nous l'avons déjà dit, nous vivons à une époque caractérisée par une surabondance de stimuli non sollicités : publicité, réseaux sociaux, distractions de toutes sortes : il est important que nous apprenions à maintenir notre concentration, sans nous isoler du monde mais en acquérant la capacité de filtrer correctement ce que nous considérons comme superflu ou même nocif. Notre temps est précieux, c'est l'atout le plus important que nous possédons : laisser quelque chose le vider pourrait fatalement compromettre nos chances d'obtenir ce que nous voulons vraiment de la vie.

Sortir de votre *comfort zone*, la zone de confort
Ce qui est connu, ce qui est familier et a le goût de la maison nous apporte confort et sécurité. Il est agréable d'avoir un endroit sûr, idéal ou métaphorique où retourner lorsque la vie nous confronte à des difficultés et que nous avons besoin d'un port sûr où nous pouvons atterrir pour retrouver notre bien-être, notre équilibre et nos forces. Il est toutefois important de résister à la tentation de retomber dans sa zone de confort chaque fois que la vie nous présente un défi : nous devons développer la capacité d'affronter les difficultés avec fermeté et détermination, en sachant s'arrêter lorsque nous sommes épuisés, mais en mettant toujours tout notre cœur et toutes nos forces

lorsque nous sommes confrontés à une situation difficile. Les caractéristiques jouent un rôle important dans la détermination de notre attitude face aux problèmes et aux défis, il n'y a aucun doute à ce sujet : cependant, nous pouvons dire qu'en règle générale, les êtres humains ont tendance à préférer une vie faite de certitudes, de continuité et de routines éprouvées. Et tout cela est très bien : nous avons déjà dit que la capacité d'acquérir des habitudes et des automatismes est fondamentale pour agir de plus en plus spontanément et pour lutter de moins en moins pour accomplir des tâches et des travaux ; cependant, il est toujours important de garder à l'esprit qu'être victime de sa propre routine, ne pas pouvoir l'ignorer même lorsqu'il y a un réel besoin, peut-être une grande limite pour notre épanouissement personnel.

La vie nous soumet à des défis que nous ne pouvons souvent pas prévoir : des événements imprévus, des nouveautés, des changements soudains, voire des problèmes et des difficultés. Chaque vie est différente de l'autre et il est toujours difficile de faire des généralisations lorsque nous parlons de psychologie et de comportement humain : chacun de nous trouve de la joie, du plaisir et du confort dans des choses différentes, à tel point que nous avons parfois du mal à comprendre comment quelqu'un peut trouver une certaine activité agréable, que nous trouvons insupportable. Il y a ceux qui ne peuvent pas renoncer à leur café du matin au bar, ceux qui ne sortent pas du lit avant d'avoir vérifié leurs activités sociales, ceux qui doivent fumer une cigarette après chaque repas. Ce sont tous des rituels qui soutiennent notre vie quotidienne et nous donnent un sentiment de calme et de tranquillité quand et comment nous agissons. Mais que se passe-t-il si nous nous en passons ? Comme nous l'avons déjà vu, apprendre à renoncer à des plaisirs inutiles ou même nuisibles (comme fumer ou manger la mauvaise nourriture) est l'une des premières étapes pour développer une plus grande volonté. Essayez de vous priver d'un de vos rituels quotidiens : que se passe-t-il ?

Au début, vous serez confus, bouleversé, nerveux, peut-être serez-vous de mauvaise humeur toute la journée. C'est exactement pour cela que nous devons nous en débarrasser : nous ne devons pas permettre des actions, d'autant plus si elles sont nuisibles, etre essentielles pour assurer notre stabilité émotionnelle et mentale. Il est nécessaire, pour être vraiment libre et fort, de renoncer à toute forme d'addiction, même à celles qui semblent inoffensives et insignifiantes. Il n'y a pas que l'alcool, les drogues ou l'adrénaline : il existe de nombreuses dépendances qui peuvent grandement influencer notre vie, nous enchaînant dans des routines qui ne laissent aucune place à la libération de notre énergie vitale et à notre esprit d'initiative. Dépendances affectives, automatismes insensés, opinions rigides et statiques : les contraintes qui peuvent conditionner notre existence sont nombreuses. Comment s'en débarrasser ?

Il n'est pas nécessaire de bouleverser sa vie entière en renonçant à toutes nos habitudes tout d'un coup : cependant, pas à pas, il est essentiel de regarder dehors et de sortir de sa zone de confort personnelle, cette bulle de bien-être que chacun construit autour de soi et en dehors de laquelle on a du mal à se déplacer et à interagir. Chacun, au cours de sa vie, se forge sa propre identité : un certain cercle de 60 personnes, une attitude précise envers les autres, une méthode pour faire les choses (bonne ou mauvaise). Même les personnes vitales, dynamiques et apparemment sûres d'elles peuvent être gênantes et effrayées si on les éloigne de leur propre cercle et de leur routine : elles sont peut-être de véritables présages lorsqu'il s'agit de gérer une discussion difficile au travail, ou elles peuvent parfaitement gérer la tension même dans les moments les plus stressants, mais elles se sentent totalement déplacées et mal à l'aise lorsqu'elles doivent jouer avec de petits enfants ! Jour après jour, il est donc fondamental de se forcer à sortir progressivement de sa zone de confort et à faire face à ce qui nous angoisse, nous effraie ou simplement nous met mal à l'aise : il est important de se mettre volontairement à l'épreuve en recherchant des situations difficiles ou anormales, d'apprendre à contrôler ses réactions et à gérer ses émotions négatives. Ce n'est que lorsque nous sommes maîtres de nous-mêmes dans toutes les circonstances que la vie nous présente que nous pouvons être libres et vraiment disciplinés. Allons chaque jour un peu plus loin, toujours attentifs à nos émotions et à nos réactions psycho-physiques, toujours avec conviction et enthousiasme : ne cédons pas à l'instinct de fuite, reporter les problèmes, les repousser à une date à laquelle ils sont destinés ou les enterrer pour qu'ils soient loin des yeux et loin du cœur. Au contraire, il est nécessaire de combattre l'instinct de fuite des situations problématiques et inconfortables, en cherchant à se réconforter dans ce que nous savons être sûr et familier. Bien sûr, il n'est pas nécessaire d'agir avec imprudence, en se jetant volontairement dans des situations que nous ne pouvons pas gérer ou qui pourraient avoir des conséquences néfastes, voire dangereuses : il suffit de procéder progressivement, sans jamais renoncer au bon sens et au calme.

Ne nous forçons pas à dire oui à tout simplement parce que nous voulons essayer de nouvelles choses : il n'est pas nécessaire de passer d'une vie sédentaire à une vie imprudente ! Si l'activité physique maximale qui caractérise votre vie est un tour de vélo par mois dans votre quartier, vous devriez peut-être renoncer à l'idée de gravir une montagne pour le moment ! Il existe plusieurs techniques que nous pourrions adopter pour nous éduquer, étape par étape, à faire face à des situations de malaise ou de difficulté. L'un des stratagèmes possibles que nous pourrions mettre en place pour nous habituer à sortir progressivement de notre routine, nous encourageant à faire face à la nouveauté et à regarder le monde sous un autre angle, est la fameuse "technique de la main gauche" qui consiste à essayer d'utiliser la main non dominante (la droite pour les gauchers, la gauche pour les droitiers) pour effectuer les activités quotidiennes. Se brosser les dents, écrire, cuisiner : nous essayons, dans la mesure du possible et sans risquer de nous blesser, d'imposer l'usage de la main que nous gardons habituellement au repos, afin de pousser notre cerveau à reconfigurer l'action et à la libérer de l'automatisme qui la caractérise habituellement. La modification de petits aspects de notre routine nous permettra de sortir progressivement de notre zone de confort, sans trop de traumatismes. Cet exercice nous encourage à changer de perspective et à poser de petits défis quotidiens, nous aidant ainsi à être prêts à affronter les plus difficiles.

Créer de nouvelles habitudes quotidiennes

L'être humain est un animal routinier : il peut sembler à première vue avoir un attribut plutôt dégradant, mais une grande partie de nos actions quotidiennes se caractérisent par la simple répétition de comportements acquis précédemment et reproduits de manière cyclique, presque automatique. C'est précisément le point de départ sur lequel nous devons commencer à agir pour modifier notre routine quotidienne : changer nos habitudes. Nous pouvons les considérer comme des programmes installés dans notre cerveau qui nous permettent d'automatiser certains comportements afin de nous concentrer sur autre chose ; si nous y réfléchissons, c'est une grande chance que l'être humain ait développé cette capacité : pensez si nous devions prêter une attention maximale à toutes nos actions, si nous devions toujours utiliser notre concentration totale pour effectuer une activité quotidienne, du lavage du visage à la conduite de la voiture, ou si nous devions nous concentrer activement pour bouger chaque muscle facial impliqué dans l'expression d'une émotion. Ce serait impensable : nous ne pourrions effectuer que très peu d'activités avant de nous trouver épuisés, mentalement et physiquement. Mais en même temps, nous devons toujours être pleinement conscients du grand pouvoir des habitudes, tant positives que négatives : l'habitude peut s'avérer être un fardeau, une condamnation qui affecte notre vie de manière négative.

Nous devons être capables de reconnaître si une certaine habitude nous apporte des avantages ou des dommages, qu'elle soit positive ou négative et, si nous la considérons nuisible et nocive, nous devons avoir la force d'y renoncer, en l'éradiquant de notre vie. Il ne s'agit pas de renoncer à sa personnalité, à ses croyances ou à son mode de vie, mais de mettre de côté tout ce qui est nuisible à la réalisation de notre épanouissement et de notre bonheur, réussissant ainsi à ne plus être à la merci d'habitudes négatives ou nuisibles, qui ne sont qu'en apparence gratifiantes et satisfaisantes, mais qui avec le temps nous affaiblissent et nous rendent esclaves de notre routine. Le chemin à parcourir semble sans aucun doute long et complexe : nous nous comportons de la même manière depuis des décennies. Le changement sera-t-il trop fatigant ? Serons-nous en mesure de relever un défi similaire ? Changer ses habitudes n'est pas une tâche impossible : au fur et à mesure qu'elles sont acquises, il est possible de les mettre de côté et d'en développer d'autres. Les habitudes sont extrêmement difficiles à abandonner : mais comme les habitudes négatives, les habitudes positives et constructives seront, une fois acquises, un jeu d'enfant pour les consolider et les maintenir dans le temps. Nous devons nous efforcer d'acquérir des habitudes positives de manière à ce qu'une certaine activité soit automatiquement assignée à un espace irrépressible dans le cadre de la routine quotidienne : le développement de cet automatisme rendra la mise en œuvre de toute activité, même la plus onéreuse, ennuyeuse ou inconfortable, extrêmement simple et immédiate.

Le premier entraînement en salle sera incalculablement plus dur que le mois suivant, le premier jour du régime sera le plus dur de tous, tout comme le premier jour de toute activité exigeante sera plus dur que le suivant : les débuts sont toujours difficiles, mais si vous vous engagez à être constant pendant un certain temps, vous constaterez qu'une fois que vous aurez acquis un automatisme, tout sera incroyablement plus simple et plus immédiat et chaque action nécessitera une quantité d'énergie incroyablement plus faible que les premières fois. Mais quel mécanisme psychologique trouve-t-on à la base de l'acquisition d'une certaine habitude ? Comment notre cerveau fonctionne-t-il pour les acquérir ? Quels sont les processus mentaux impliqués ? Ce sont des questions auxquelles de nombreux scientifiques ont tenté de répondre au fil des ans, car l'habitude est l'un des aspects fondamentaux qui régit le comportement des hommes et des animaux. Ce que nous savons, c'est que l'habit loop, ou le rite de l'habitude, est caractérisé comme un cycle en trois phases :

1) le signal, ou la présence des éléments qui stimulent et déclenchent l'activation d'une certaine habitude ;
2) la routine, ou la mise en œuvre effective d'une certaine habitude ;
3) la gratification, ou le sentiment de bien-être qui suit la mise en œuvre d'un rituel habituel.

L'habitude est définie comme une réponse comportementale immédiate et automatique à un certain stimulus, qui se développe grâce à la répétition du comportement susmentionné, de sorte que nous nous habituons à faire quelque chose en le répétant dans le temps : notre cerveau va acquérir ce comportement et le mettre en action lorsqu'il capte certains signaux, ce qui le fait suivre d'un sentiment de soulagement. Bien sûr, en théorie, tout cela semble extrêmement simple et linéaire, mais comment commencer à prendre des habitudes positives dans la pratique ? L'astuce est vite dite : commencer progressivement par les petites choses, même celles qui semblent les plus insignifiantes et qui ne sont pas directement liées à nos objectifs principaux. Vous pouvez commencer, par exemple, en vous imposant de réaliser de petits objectifs quotidiens : la création d'habitudes saines nous aidera à développer un plus grand contrôle de nous-mêmes et à renforcer notre volonté et notre estime de soi. Faire le lit le matin, boire au moins 2 litres d'eau par jour, se forcer à se concentrer sur une seule chose pendant 5 minutes, éviter de consulter son profil social toutes les 10 minutes : ce sont là de petits engagements que nous prenons avec nous-mêmes, en faisant peut-être des listes restreintes et en nous assurant, à la fin de la journée, que nous les avons tous remplis.

La gradualité et la constance sont les armes secrètes pour forger de nouvelles habitudes : une possibilité à prendre en considération pour commencer calmement, pas à pas, à faire de nouvelles pratiques et les intégrer dans votre quotidien, peut être la fameuse "technique des 30 jours". Cette "astuce" consiste à s'engager dans une nouvelle habitude, en commençant par une période "d'essai" de 30 jours seulement : la conscience qu'il s'agit d'un engagement limité dans le temps nous rendra moins intimidés par la quantité d'efforts que nous devrons fournir. À l'issue de la période de 30 jours, nous pouvons alors décider de conserver ou non notre nouvelle bonne habitude. Croyez-moi : au 30e jour, il sera plus difficile de le quitter que de le garder ! Après un mois de répétition, tout comportement est assimilé et fait l'objet d'un automatisme. La création et la consolidation des habitudes, en effet, rendent plus facile et plus légère, voire agréable, l'exécution de toute tâche, l'important étant de commencer par la gradualité et la détermination. Souvent, l'étape la plus difficile n'est que la première : nous sommes chargés, nous sommes motivés, nous voulons atteindre un certain résultat de tout notre cœur : et pourtant, il y a toujours cette étincelle qui fait que tout commence concrètement. Nous planifions ce qu'il faut faire, mais ensuite, comme de bons procrastinateurs, nous reportons tout, inexorablement, à une date à fixer. Parfois, ce qui manque, c'est juste un petit stimulus initial, un petit forçage. Comment sortir de ce cercle vicieux ?

Nous pourrions faire appel à quelque chose auquel nous ne sommes que trop habitués : des contraintes, des obligations, venant de l'extérieur. C'est la technique dite du stimulus extérieur, qui consiste à concocter une série d'apports qui ont la "forme", l'apparence d'obligations, auxquelles nous sommes plus enclins, par habitude, à prêter attention : s'inscrire à des cours payants, convenir avec quelqu'un d'un programme de formation, mettre des alarmes, des rappels, des échéances sur le calendrier. Nous donnons aux projets personnels la même force qui caractérise les engagements professionnels, scolaires ou familiaux.

Il s'agit bien sûr d'un "stratagème" initial, qui peut s'avérer utile dans les premiers temps : le but de l'autodiscipline est de trouver en soi la motivation nécessaire pour accomplir tous ses objectifs avec persévérance et dévouement.

Apprendre à contrôler ses émotions et ses instincts

Être autodiscipliné signifie ne pas être conditionné et accablé par ses propres émotions : comme nous l'avons vu, chaque être humain est composé d'une composante émotionnelle/instinctive et d'une composante rationnelle. L'histoire de la littérature et de la philosophie est pleine d'images évocatrices qui symbolisent cette relation problématique et souvent conflictuelle entre les différents éléments qui composent l'esprit humain : beaucoup ont écrit sur la relation entre le cœur et l'esprit, entre l'instinct et la rationalité. Il peut arriver que les émotions que nous ressentons nous mettent mal à l'aise, qu'elles s'avèrent ne pas être du tout en accord avec ce que nous pensons sur un plan rationnel ou avec nos valeurs morales, et avec le temps, une émotivité incontrôlée peut se révéler être un fardeau qui affecte négativement notre vie. Pour construire une approche plus saine et plus constructive de sa propre sphère émotionnelle, il faut d'abord accepter que les émotions ne dépendent pas de nous, que nous ne les forgeons pas volontairement, que nous les ressentons simplement et que nous ne pouvons en aucun cas empêcher cela : c'est pourquoi il est insensé de se sentir coupable de ce que l'on ressent ou de vous forcer à ressentir certaines émotions sur commande, c'est quelque chose que vous ne pouvez pas contrôler.

Ce que vous pouvez faire à la place, c'est essayer de les comprendre et de les gérer de la manière la plus appropriée possible. Ce n'est pas une question d'impolitesse ou d'inadéquation : beaucoup de gens ont beaucoup de mal à calibrer leurs réactions, pour une simple question de caractère : vous arrive-t-il de vous mettre en colère pour rien et de regretter peut-être votre réaction plus tard ? Parfois, votre émotivité incontrôlée risque de rendre les situations lourdes ? Avez-vous des réactions particulièrement mélodramatiques qui, lorsque vous vous calmez, vous mettent mal à l'aise ? Tout le monde ne gère pas sa sphère émotionnelle de la manière la plus appropriée, risquant d'être, avec le temps, contraint d'étouffer ou de réprimer ses émotions, avec des conséquences, très souvent, néfastes ! Il est important de rechercher le bon équilibre émotionnel : une pratique utile pour apprendre à gérer au mieux ses émotions est de retarder autant que possible la réaction aux impulsions.

Lorsque nous ressentons une émotion, arrêtons-nous et concentrons-nous intensément sur elle : examinons-la tout d'abord, attardons-nous autant que possible à l'analyser intérieurement, ressentons-la jusqu'au bout, en faisant attention à la façon dont elle modifie notre corps, à la façon dont elle affecte notre rythme cardiaque, notre transpiration, notre expression faciale. Si la sensation que nous ressentons est particulièrement intense et que nous risquons de réagir de manière excessive et incontrôlée, nous pourrions mettre en place des exercices pour calmer notre agitation : concentrons-nous sur la régulation de notre respiration, par exemple. Ce n'est qu'à la fin, avec le plus de calme possible, que nous exprimons une réaction appropriée ; le temps que nous avons placé entre l'émotion et son expression aura rendu notre réaction aussi calibrée et adéquate que possible et, surtout, passé à l'examen de notre rationalité et de notre contrôle conscient. Si, lors des premières tentatives, les secondes semblent interminables et que nous transpirons sept chemises pour contrer l'impulsion de nous exprimer spontanément et de réagir instinctivement, après un peu d'entraînement, nous trouverons naturel d'attendre et de nous permettre une pause de réflexion avant de donner libre cours à nos émotions.

Cette attitude sera très bénéfique tant pour nos relations interpersonnelles que pour nous-mêmes : nous découvrirons, en effet, que très souvent il faut quelques secondes de réflexion supplémentaires pour décider qu'il ne vaut pas la peine de se mettre en colère ou de faire une scène. Contrôler ses émotions ne signifie pas les neutraliser ou les inhiber : nous ne devons pas avoir peur de devenir des robots insensibles, incapables de ressentir les sensations et les sentiments humains ; le but est de faire communiquer notre émotivité avec notre intelligence, en apprenant à gérer et à exprimer les émotions de la manière la plus appropriée et la plus constructive. Cette stratégie, pour ainsi dire "attentiste", peut également être extrêmement utile pour contrôler une impulsion que nous savons être mauvaise, nuisible ou inutile. Pouvez-vous, comme Oscar Wilde, résister à tout sauf à la tentation ? Combien de fois au cours de la journée vous sentez-vous impuissant face à l'impulsion de faire quelque chose, même si vous savez que cela vous fera du mal ? Manger un autre snack malsain, passer dix minutes de plus en société, reporter un engagement important : comment faire face à ces impulsions apparemment irrépressibles ? Comment pouvons-nous améliorer nos compétences en matière de maîtrise de soi ? Quelles stratégies pouvons-nous utiliser pour nous éduquer afin de ne pas nous laisser submerger par nos pulsions et devenir de plus en plus maîtres de nous-mêmes ? Même dans ces cas-là, nous pouvons faire appel à la stratégie de l'attente : lorsque nous ressentons une impulsion incontrôlable, forçons-nous à nous arrêter et à prendre du temps, mettons de côté un certain nombre de secondes pour évaluer soigneusement notre instinct.

Nous pouvons également nous habituer progressivement à assortir une certaine impulsion que nous voulons supprimer d'une distraction particulière qui nous détournera de "l'engagement" de l'action que nous voulons éviter à tout prix : par exemple, chanter une chanson lorsque nous sommes tentés par la mauvaise nourriture.

Ne vous laissez pas décourager par les échecs

L'erreur est humaine. Si tout le monde renonçait et abandonnait après le premier échec, l'humanité serait probablement encore à l'âge de pierre ! Il ne faut pas s'attendre à des résultats immédiats, surtout dans les premières étapes d'un processus d'amélioration personnelle ; ils peuvent être tardifs ou bien inférieurs à nos attentes. Face à la déception, nous ne devons pas faire l'erreur de perdre courage et d'être tentés de tout abandonner, en regardant le verre à moitié vide. Comme nous l'avons largement soutenu, l'autodiscipline est une capacité qui s'acquiert avec du temps et des efforts, il est normal qu'au début, nous ne soyons pas en mesure de respecter les engagements que nous avons pris avec nous-mêmes. La peur de se tromper ou de ne pas obtenir immédiatement ce que l'on espère est un grand obstacle pour vivre les défis quotidiens avec sérénité et avoir le cran nécessaire pour affronter chaque nouveau jour. Un stratagème pour ne pas perdre courage pourrait être de dresser, à la fin de chaque journée, une liste de tout ce que nous avons accompli avec succès ; même si nous n'avons pas fait ce que nous nous étions promis, nous pouvons toujours être satisfaits des résultats que nous avons ramenés chez nous.

La voie de l'achèvement est pavée d'échecs : nous apprenons à vivre nos erreurs de manière positive, en en faisant toujours une opportunité de croissance. Lorsque quelque chose tourne mal, nous nous demandons toujours pourquoi et nous faisons des erreurs pour nous inciter à apprendre et à ajuster notre stratégie. Le problème ne réside pas nécessairement dans notre incapacité ou nos faiblesses : très souvent, c'est la même stratégie qui est erronée ou inadaptée à nos inclinations. Nous pouvons faire appel aux conseils d'amis ou d'experts et à des lectures, mais l'élaboration d'un chemin de perfectionnement est, en définitive, une activité empirique, que chacun devra esquisser à partir de sa propre personnalité et de ses particularités.

Se récompenser soi-même
Nous ne pouvons pas penser à abolir tout plaisir et toute gratification dès le début d'un voyage jusqu'à ce que nous ayons atteint notre objectif ; supposons que notre but est d'exceller dans un sport particulier afin de l'atteindre à un niveau compétitif : c'est un projet ambitieux et fatiguant et, quel que soit notre engagement, il ne portera ses fruits qu'à long terme.

Nous ne pouvons pas nous attendre à vivre privés de toute satisfaction physique et mentale tant que nous n'aurons pas atteint notre objectif : c'est une perspective qui réduirait en miettes toute personne, même la plus motivée. C'est pourquoi, afin de planifier une stratégie gagnante, surtout lorsque vous n'êtes qu'au début de votre parcours, vous devez fragmenter et décomposer votre projet en de nombreux petits micro-engagements, afin de pouvoir résumer, juger et, éventuellement, vous récompenser après avoir réalisé chacun d'entre eux, sur une base quotidienne, hebdomadaire ou mensuelle. S'apprécier et se récompenser après avoir réussi est d'une importance fondamentale pour augmenter l'estime de soi et l'énergie vitale : cela nous donnera la force nécessaire pour affronter les défis suivants avec plus de force et de conviction. Il est donc important de trouver un moyen de se gratifier après chaque effort, de créer une incitation, un élan pour faire mieux et pour donner toujours plus. En plus d'une indispensable récupération d'énergie et de force, qui est fondamentale pour être toujours au sommet de ses capacités, il est important de se donner périodiquement de petites récompenses, des récompenses que nous pouvons nous donner nous-mêmes en récompense pour notre dur travail. En pédagogie et dans la science de l'éducation, on fait souvent référence au concept de "renforcement" : lorsqu'un enfant accomplit une action correcte, afin qu'elle ne soit pas mise de côté avec le temps, il est important qu'elle soit récompensée par quelque chose d'agréable, que ce soit un jouet, une friandise ou simplement une attention supplémentaire. Suivre un comportement avec satisfaction est l'une des stratégies gagnantes pour cimenter une certaine bonne habitude. D'autre part, c'est la pratique qui est également utilisée avec les animaux de compagnie : une bonne action est suivie d'un biscuit ou d'une caresse. Tout comme elle fonctionne pour les enfants et les animaux, elle peut fonctionner pour les enfants plus âgés !

Lorsque vous êtes particulièrement satisfait de vous-même et des résultats que vous avez obtenus, vous pouvez vous offrir une récompense qui vous récompense pour le dur travail que vous avez accompli. Qu'il s'agisse d'un dîner dans votre restaurant préféré, d'un week-end, de vacances auxquelles vous pensez depuis longtemps, d'un article que vous vouliez acheter ou simplement d'un moment de détente. Les "renforcements positifs" vous permettront d'acquérir de la manière la plus immédiate et la plus facile les habitudes positives que vous souhaitez prendre. Bien sûr, essayez de ne pas exagérer et calibrez toujours la récompense en fonction de l'effort réel : vous donner un gâteau entier pour vous récompenser après une courte séance d'exercice rendrait l'entraînement lui-même vain et serait une gratification disproportionnée !

Développez votre capacité de concentration

Nous avons laissé comme dernier point que, si nous étions obligés de choisir, nous devrions identifier, peut-être, comme le plus important de tous : la capacité d'atteindre et de maintenir la concentration est l'un des piliers fondamentaux dans tout chemin de croissance personnelle. Vous ne pouvez pas aspirer à développer une plus grande autodiscipline si vous n'apprenez pas d'abord à vous concentrer profondément et longtemps sur les activités que vous décidez de mener, sur vos émotions, sur vos pensées, ainsi que (et ce n'est qu'un paradoxe apparent) sur rien. Nous avons déjà parlé de la manière dont les sociétés dans lesquelles la plupart d'entre nous vivent sont caractérisées par une sorte de frénésie, d'impatience, de stress chronique ; des nouvelles, des notifications, de la précipitation, des résultats immédiats : c'est comme si chaque jour nous étions soumis à une pression continue, à un bruit de fond constant qui ne nous laisse jamais tranquilles et ne nous permet pas d'avoir le temps nécessaire pour nous consacrer avec soin et calme à nos activités. L'une des valeurs que notre société nous transmet continuellement par le biais des médias est celle de l'instantanéité, de l'immédiateté, de la rapidité. Tout peut, et même doit, être réalisé immédiatement : résultats immédiats, facilité d'utilisation, zéro stress et zéro pensée, satisfait en 15 jours satisfaits ou remboursé ! Ce sont les refrains typiques de la publicité.

Il semble donc que tout doit nécessairement être facile, rapide, pratique, que tout doit se dérouler sans problème. Nous sommes maintenant habitués à attendre des réponses rapides et claires : jamais auparavant nous n'avons eu l'occasion d'obtenir des informations à la vitesse de l'éclair, d'effectuer rapidement de nombreuses tâches quotidiennes. Bien sûr, personne ne songerait à nier les avantages incroyables que ces possibilités technologiques nous ont procurés, mais nous devons être conscients que tout ne peut pas être réalisé de cette manière : de nombreux objectifs ne peuvent être atteints qu'en faisant preuve de constance et en travaillant dur. Il est important, pour faire face à cette agitation et à cette hâte chronique, d'apprendre à débrancher : non pas dans le sens de se replier sur soi-même et de s'appeler en dehors du monde et de ses problèmes, mais en apprenant à vivre dans sa dimension personnelle, en étant capable de rester ferme et ancré à soi-même, toujours centré, indépendamment de ce qui se passe en dehors de nous. Il est nécessaire que notre esprit soit correctement éduqué et ne doit jamais avoir la possibilité d'échapper à notre contrôle et d'errer librement quand il le veut : combien de fois dans la journée vous trouvez-vous en proie à des divagations que vous ne pouvez pas contrôler ?

Non seulement lorsque vous êtes allongé sur la plage à prendre un bain de soleil, absorbé et que vous regardez l'horizon, mais aussi lorsque vous vous trouvez dans une situation qui nécessiterait votre concentration et votre présence mentale maximales ; combien de fois vous retrouvez-vous à errer dans un labyrinthe de pensées qui n'ont rien à voir avec ce à quoi vous avez affaire à un moment donné ? Vous devez vous entraîner à garder les rênes de votre esprit fermement en place. Une très bonne intention : mais comment faire ? Par où commencer ? Il n'est pas nécessaire que vous soumettiez chaque aspect de votre vie à un contrôle strict et rigoureux, ni que vous construisiez autour de vous un environnement aseptique et impersonnel, dans lequel vous n'avez pas la possibilité de vous accorder des moments de liberté et de détente : en revanche, ce serait humainement impossible, le temps étant épuisant et donc contre-productif. En réalité, il n'est pas possible de maintenir une concentration continue tout au long de la journée : nous devons alterner des moments d'engagement mental intense avec des moments où nous nous laissons aller, en nous accordant une pause pour nous détendre et récupérer nos forces. Après tout, la confusion est, d'une certaine manière, la disposition naturelle de notre esprit, nous ne pouvons pas l'éradiquer de manière totale et définitive : donnons-nous toujours un espace pour laisser nos pensées vagabonder librement, de manière à être suffisamment.

Nous avons tendance à ne pas y penser, voire à ne pas l'accepter, mais notre cerveau est un organe comme un autre, et comme le foie, le cœur et les reins ont besoin de nourriture, de repos et éventuellement de soins. Pour que nos performances soient toujours optimales et que nous atteignions un niveau de concentration maximal, il est nécessaire de veiller à notre bien-être psychophysique, en nous nourrissant de manière saine et équilibrée et en assurant un repos quotidien adéquat : selon l'âge et le mode de vie, chacun de nous se caractérise par un besoin quotidien différent d'heures de sommeil ; il est important, pour maximiser ses capacités cognitives, d'assurer à notre cerveau, et à notre corps, un repos adéquat et satisfaisant. Il existe de nombreuses techniques et méthodes que nous pourrions utiliser pour améliorer notre capacité de concentration, chacun peut en essayer différentes et trouver la plus adaptée à son cas : il n'existe pas de règle absolue valable pour tous. Certaines personnes gagnent à travailler dans un environnement calme et silencieux, en interdisant toute distraction et tout bruit ; d'autres, en revanche, peuvent trouver une concentration optimale en laissant un bruit de fond, comme la musique ou la télévision, des bruits extérieurs. Cela paraîtra plutôt bizarre comme indication, mais il est très utile d'apprendre à s'inquiéter de manière "programmée". Chacun de nous a son propre fardeau d'écheveaux à démêler, de problèmes difficiles à résoudre, voire insolubles, de souvenirs négatifs qui nous visitent de temps en temps, de soucis pour l'avenir : c'est normal, on ne peut pas penser à supprimer toutes ces pensées et même pas se forcer à les ignorer trop longtemps. Ce que vous pouvez faire pour que cette "négativité" ne risque pas de devenir un arrière-plan constant de vos journées, vous empêchant de mettre toute votre énergie dans vos activités, c'est de vous réserver, même au quotidien, un espace dépourvu d'autres engagements à réserver aux soucis, de ruminer quelque chose qui n'empiète pas sur vous, de poser des questions existentielles, bref, tout ce qui n'est pas correctement constructif et configurable comme un engagement productif. Donner une place limitée aux préoccupations, voire à l'anxiété, nous permettra de vivre le reste de notre temps de manière plus sereine ; bien sûr, l'idéal serait que nous ne ressentions pas ce genre de préoccupations et que nous nous mettions en mouvement pour les résoudre au fil du temps ; en l'absence d'alternatives, c'est toutefois un bon compromis pour limiter les dégâts qu'elles pourraient infliger quotidiennement à nos esprits. Comme nous l'avons vu, les aspects à prendre en compte pour s'engager sur la voie de l'autodiscipline sont nombreux et variés : chacun se forge sa propre opinion sur lui-même, sur ses caractéristiques et sur ses objectifs.

Chaque individu bénéficie de méthodes et de techniques différentes : surtout ces dernières années, pour répondre à un besoin urgent et profond de la part de nombreuses personnes, de nombreuses techniques différentes se répandent et s'implantent qui peuvent aider à trouver leur propre dimension et harmonie dans le monde contemporain chaotique : la méditation transcendantale, les techniques de pleine conscience, diverses philosophies orientales, ainsi que des méthodologies plus pragmatiques d'apparence plus occidentale et scientifique. Votre objectif est de vous démêler dans cet enchevêtrement de possibilités et de trouver la voie qui vous convient davantage.

Les avantages de l'autodiscipline dans la vie personnelle et professionnelle

"La discipline est le choix de faire ce que vous voulez vraiment faire, de faire les choses que vous ne voulez pas faire". - John Maxwell

L'autodiscipline pour devenir des personnes plus autoritaires

Le développement de votre autodiscipline est l'une des clés pour projeter une image de sécurité et de détermination autour de vous : si votre ambition est d'atteindre une plus grande autorité, vous devez d'abord vous efforcer de mieux vous contrôler, ainsi que vos émotions et vos actions. La cohérence et la maîtrise de soi sont des qualités fondamentales à posséder pour acquérir une plus grande crédibilité et gagner le respect de ceux qui sont devant nous : ce sont des caractéristiques particulièrement précieuses à posséder pour ceux qui occupent un poste de commandement ou de responsabilité. Un vrai leader ne doit jamais être à la merci d'événements extérieurs ou de ses propres émotions : si, dans une circonstance donnée, vous vous trouvez responsable, vous ne pouvez pas laisser votre état émotionnel conditionner votre journée et vos performances car, indirectement, vos mauvaises performances ou votre mauvaise humeur pourraient avoir un impact négatif sur celles de vos subordonnés ou de vos employés et sur la réussite des projets dont vous vous occupez. Et nous ne parlons pas seulement des PDG ou des dirigeants de grandes entreprises, ou des hommes politiques et des personnes qui ont beaucoup de succès : l'acquisition de bonnes compétences en matière de leadership peut profiter à toute personne qui est responsable du travail et du bien-être des autres, à toute personne qui a le devoir de s'occuper des autres et de les superviser. Les enseignants, les cadres, les parents, toute personne en contact avec des enfants ou des adolescents : démontrer, concrètement et avec des faits, qu'ils ont une bonne dose de maîtrise de soi, de ténacité et de constance est une garantie d'être des personnes fiables auxquelles les autres font confiance. Un exemple vaut plus que mille mots : nous ne pouvons pas attendre des autres ce que nous ne sommes pas capables d'accomplir nous-mêmes : dans de nombreux cas, il est inutile de savoir très bien ce qu'il faut faire, de connaître la théorie lorsque nous n'avons pas la force mentale et la volonté d'accomplir un engagement jusqu'au bout.

Persévérance, concentration, contrôle...sont autant de qualités fondamentales à développer pour réussir sa vie personnelle et professionnelle, quel que soit notre secteur. Très souvent, des personnes brillantes et préparées, au potentiel illimité, se livrent à un véritable travail de sabotage en s'empêchant d'exploiter leurs talents et leurs penchants naturels. Les caractéristiques de caractère innées développées à partir de nos expériences ont une certaine incidence, il n'y a aucun doute : il y a des personnes naturellement amenées au calme et à la concentration, prédisposées à travailler la tête baissée et à réaliser ce qu'elles ont commencé, offrant un exemple positif aux personnes qui les entourent et contribuant à les motiver pour leur travail ; au contraire, beaucoup de personnes ont tendance à s'écarter du sujet, à se déconcentrer, à lancer mille projets sans en réaliser aucun, constituant un obstacle et un élément d'agacement pour les autres, ainsi que pour elles-mêmes. Avoir un patron qui n'est pas très constant et déterminé pourrait être l'une des pires conditions de travail qui soient ! Nous pouvons tous nous améliorer grâce à notre volonté et personne ne doit se sentir exclu de la possibilité d'améliorer et d'atteindre nos objectifs. Il est extrêmement réducteur d'affirmer que nous sommes nés leaders ou ailiers : chacun peut travailler sur lui-même pour obtenir la bonne attitude afin de mieux faire face aux circonstances et aux défis que la vie nous pose.

L'autodiscipline pour développer l'intelligence émotionnelle

De nombreuses personnes qui excellent à résoudre des problèmes pratiques et concrets se révèlent plutôt maladroites dans leurs relations avec les autres ; ou vous pouvez rencontrer des personnes dynamiques qui réussissent, mais qui présentent de graves lacunes dans leur capacité à écouter et à comprendre les autres avec empathie. Personne n'est parfait et souvent une grande valeur s'accompagne d'un défaut ou d'une incapacité tout aussi grande. L'éducation, scolaire ou non, apparaît pour l'essentiel marquée par l'acquisition de notions mais aussi par le développement de l'intelligence logique, l'intelligence rationnelle proprement dite. Ce que nous pourrions attribuer aux parcours scolaires communs est le manque d'espace consacré au développement de la capacité à gérer ses propres émotions et à comprendre celles des autres. L'empathie est l'une des compétences fondamentales pour avoir des relations positives et constructives avec les autres, qu'il s'agisse de la famille, des collègues, des amis ou des connaissances. Avoir la capacité d'interagir avec la compréhension et l'intelligence avec l'émotivité de l'autre est l'une des compétences qui garanti une vie personnelle et professionnelle harmonieuse et sans conflit. Rendue célèbre par un livre du psychologue Daniel Goleman, l'expression "intelligence émotionnelle" est désormais synonyme de capacité à comprendre et à gérer ses propres émotions et celles des autres afin de créer une relation basée sur l'empathie avec les autres. L'autodiscipline est l'une des conditions fondamentales pour pouvoir ambitionner le développement d'une plus grande intelligence émotionnelle dans la gestion de nos relations : seuls ceux qui ont un contrôle profond sur eux-mêmes et sur leur sphère émotionnelle sont capables de s'analyser soigneusement et de gérer leurs réactions. Ceux qui sont à la merci de leur propre émotivité ont beaucoup de mal à comprendre la nature de leurs propres émotions et de celles des autres, ainsi qu'à calibrer des réponses constructives et positives : exercer un plus grand contrôle sur nous-mêmes nous permettra, comme nous l'avons vu auparavant, de prendre tout le temps nécessaire pour comprendre ce que nous ressentons et ne pas réagir à l'impulsion, ce qui compromet nos interactions.

L'autodiscipline dans la vie de tous les jours

Celui qui avance lentement est en bonne santé et peut aller loin : penser que vous pouvez bouleverser votre existence d'un jour à l'autre peut sembler excitant et passionnant, mais cela ne vous mènera pas loin. Le sprint initial s'estompera en peu de temps et vous vous retrouverez bientôt à la case départ, ou plutôt vous vous sentirez nettement plus mal, car vous saurez que vous avez échoué dans votre objectif. Prendre les problèmes à bras le corps ne signifie pas se précipiter et se désorganiser : la planification et la progressivité sont les seules garanties de succès à long terme. De nombreux aspects de notre vie quotidienne peuvent bénéficier d'une plus grande autodiscipline : combien d'emplois avez-vous laissés inachevés ? Combien de week-ends ruinés par l'accumulation des tâches que vous auriez pu accomplir pendant la semaine ? Combien de désagréments auriez-vous pu vous épargner si vous aviez réglé tous les petits problèmes pendant 89 fois, qui sont devenus ensuite importants ? Je veux dire, quel dommage la procrastination vous a-t-elle causé ? L'indiscipline est l'une des caractéristiques qui endommagent inexorablement tous les aspects de notre vie, depuis ceux qui sont considérés comme les plus importants, comme le travail et les relations personnelles, jusqu'à ceux qui, d'une certaine manière, sont plus marginaux, comme les travaux ménagers, les tâches ménagères, les courses, l'organisation des vacances ou des congés. Cependant, l'autodiscipline peut apporter un changement extrêmement important dans notre vie, même en partant de ces petites choses : un plus grand contrôle et une meilleure organisation nous garantiront plus de temps libre, une plus grande efficacité, des économies, moins de stress et d'anxiété. Avez-vous aussi, quelque part dans votre maison ou votre bureau, la fameuse liste de choses à faire ? Des petits engagements que vous remettez à plus tard depuis des années et que vous ne décidez jamais de terminer. Beaucoup de ces tâches sont absurdes et insignifiantes, et pourtant vous ne trouvez jamais la volonté de consacrer ce temps à les rayer de la liste. Ne remettez pas à demain ce que vous pouvez faire aujourd'hui : nous connaissons tous le proverbe, mais combien d'entre nous le font réellement ? Nous devons apprendre à remplir nos engagements le plus rapidement possible afin qu'ils ne deviennent pas des fardeaux qui peuvent nous alourdir en cours de route et drainer nos énergies mentales.

La méthode développée par David Allen, appelée "Get Things Done", est très connue dans le monde entier : elle consiste en une série de principes visant à optimiser notre gestion quotidienne des engagements et des tâches et repose sur ces éléments fondamentaux :

- La mise en place d'un "système de confiance" qui servira de registre et de rappel de nos engagements ;
- Le regroupement des actions non pas par type mais par lieu ;
- Ne faire aucune distinction entre les engagements personnels et professionnels ;
- Si une action peut être réalisée en moins de deux minutes, elle doit être faite immédiatement.
- Ne pas être à la merci des apports et notifications externes, allouer un moment précis de la journée pour les traiter ;
- Pour rendre compte du travail effectué pendant la semaine et programmer la suivante ;
- Il serait peut-être bon d'arrêter de tergiverser et de commencer à faire plus productifs de nos jours : les bénéfices ne tarderont pas à se faire sentir !

L'autodiscipline pour de meilleurs résultats dans les études et le sport

Veiller à ce que les enfants et les jeunes développent la volonté nécessaire pour mener à bien leurs engagements est l'une des principales préoccupations des parents, des grands-parents, des enseignants et des éducateurs ; très souvent, on a l'impression que le fait d'émouvoir les jeunes, de les encourager à toujours donner le meilleur d'eux-mêmes dans leurs études, dans le sport et dans les différents engagements quotidiens, est une entreprise titanesque vouée la plupart du temps à l'échec : Il est difficile de pousser les jeunes à se consacrer à autre chose qu'aux jeux, aux sorties avec des amis et aux réseaux sociaux, chaque âge a son activité favorite, qui l'emporte sur toutes les autres.

"si tu t'appliquais, tu serais l'un des meilleurs de ta classe", "si tu faisais le même effort que dans les jeux vidéo dans la vie réelle, tu serais bon en tout" : ce sont des phrases de reproche que les enfants et les jeunes entendent répéter sans cesse, quand ils ne sont pas harcelés.

Comme nous l'avons vu, l'autodiscipline est un défi, même pour les adultes qui comprennent parfaitement l'utilité de certaines actions, habitudes et attitudes. Pensons à la difficulté que peuvent avoir les jeunes, qui ont peut-être du mal à comprendre le sens de certains engagements et se sentent poussés sur plusieurs fronts et dès leur plus jeune âge à réaliser de nombreuses activités qu'ils considèrent comme ennuyeuses et fatigantes et dont ils ne comprennent pas l'utilité. N'oublions pas, par ailleurs, les différences qui distinguent le cerveau d'un adulte de celui d'un enfant : le cortex cérébral du plus jeune n'est pas complètement développé, de sorte que nous ne pouvons pas attendre la même maîtrise de soi et la même constance que nous pourrions demander à un adulte.

Il faut souligner que, très souvent, les adultes se révèlent absolument incapables non seulement de donner le bon exemple, mais aussi d'aider et de soutenir les plus jeunes dans le développement d'une plus grande autodiscipline et d'une meilleure maîtrise de soi, en leur donnant des indications sur la manière d'acquérir une plus grande méthode et un plus grand contrôle sur eux-mêmes. Les contraintes et les impositions peuvent être, à long terme, des outils absolument contre-productifs : une activité menée contre son gré sera une activité mal menée, qui donnera des résultats et des avantages minimaux et sera abandonnée dès que l'occasion se présentera. Une fiscalité rigide et la méthode et la discipline strictes ne semblent être qu'apparemment la solution la plus efficace et la plus rapide, même si les punitions et les contraintes semblent, dans de nombreux cas, être les seules mesures permettant d'apporter des changements tangibles : de nombreux parents se justifient en déclarant qu'ils n'ont pas d'autres solutions valables et que même si les enfants la vivent comme une souffrance, ils l'apprécieront une fois devenus adultes.

Ce qu'il faut faire pour aider les enfants à donner le meilleur d'eux-mêmes, c'est les encourager à trouver en eux la motivation et la satisfaction adéquates dans les choses qu'ils font et qu'ils traitent ; comme pour tout autre aspect de la vie, un exemple vaut mille mots : si un parent est paresseux, apathique, incohérent et incapable de tenir un quelconque engagement, il ne sera certainement pas un bon modèle pour ses enfants et sera inévitablement peu pris au sérieux lorsqu'il les encouragera à faire plus et à donner le meilleur d'eux-mêmes dans chaque activité. Ce dont les enfants et les jeunes bénéficient le plus, ce sont des règles imposées de manière constructive et raisonnée : les trop paralysés, il faut toujours veiller à ne pas trop en attendre, en surchargeant les jeunes de mille engagements et activités.

Il faut aussi avoir la ruse et la clairvoyance de trouver un moyen de faire apprécier aux enfants certaines activités : les récompenses et les prix sont des perspectives qui poussent les enfants et les jeunes à exercer leurs activités avec plus de plaisir et de conviction. L'étude est sans aucun doute l'un des principaux problèmes auxquels les enfants, mais pas seulement, sont confrontés : que pouvons-nous faire pour vivre l'étude de la manière la plus sereine et la plus productive possible ? Certaines personnes se souviennent de l'école avec nostalgie, d'autres, encore à l'âge adulte, voient leurs cauchemars peuplés de souvenirs de leçons, de devoirs, de peurs, d'angoisses, de stress de la maturité, etc. Beaucoup d'adultes ont mal vécu les années scolaires et beaucoup d'enfants aujourd'hui le vivent mal, il n'y a pas de doute. Ce que beaucoup reprochent à leurs professeurs, c'est qu'ils ont davantage focalisé leur parcours sur des notions que sur la méthode d'étude ; soyons honnêtes, que retenons-nous de ce que nous avons appris à l'école ? Combien de formules, de poèmes, de biographies ? Quelques-uns. Surtout de nos jours, les enseignants doivent veiller à fournir, en premier lieu, une méthode d'étude adéquate, en fournissant des critères et des pratiques utiles pour mieux organiser leurs engagements, scolaires ou non.

L'approche de l'étude doit également être convenablement actualisée : à une époque où l'on peut trouver instantanément une grande quantité d'informations avec son smartphone, une formation centrée sur le stockage de simples notions est décidément obsolète : à plus forte raison, un éducateur doit avant tout prendre à cœur d'aider ses élèves à développer une capacité de concentration adéquate et une méthode d'étude visant à poursuivre leurs engagements avec constance et détermination. Qu'il s'agisse de doctorants ou d'élèves de première année, les études peuvent souvent être une source de stress et d'inquiétude : certaines personnes ne parviennent pas à développer une méthode d'étude efficace tout au long de leur vie et sont toujours en proie aux mois et aux nuits blanches qui suivent. Chacun a ses préférences personnelles, cependant, il existe certaines suggestions dont chacun peut certainement tirer profit :

- Établir une routine d'étude quotidienne : planifier la journée de manière à laisser suffisamment de place pour les activités stimulantes et récréatives ;
- Créer un environnement d'apprentissage : chacun a ses propres préférences, certains ont besoin d'un silence absolu, et ne peut tolérer même une voix lointaine, et ceux qui recherchent le fond de la radio ou de la télévision pour se concentrer davantage ;
- N'ignorez pas les délais : se retrouver avec tout le travail à faire en peu de temps est l'une des principales causes de mauvaises performances et de stress ;
- Faites des pauses : l'esprit a besoin de repos et, comme nous l'avons vu, il n'est pas possible de rester concentré trop longtemps ;

- Récompenser les résultats : récompenser les résultats et l'engagement est une grande incitation à faire toujours mieux.

De nombreux parents poussent leurs enfants à pratiquer diverses activités sportives, non seulement pour une question de santé physique, mais aussi pour leur donner un moyen d'apprendre et d'exercer une constance et une discipline : trois fois par semaine, on va à la piscine, le week-end on fait du vélo dans le parc, après l'entraînement on prend une douche et on se lave les cheveux, le sac doit être préparé dès la veille : ce sont autant d'engagements et de routines qui favorisent l'autonomisation des enfants et des adolescents. L'activité compétitive peut apprendre aux jeunes à bien gérer leur anxiété, à travailler en équipe, à accepter les défaites. Une fois adultes et libérés du contrôle de fer de leurs parents, beaucoup abandonnent de pratiquer n'importe quelle activité, même si des résultats remarquables ont été obtenus dans un certain sport.

La fin de l'obligation coïncide très souvent avec une renonciation totale à toute activité : mais comment acquérir la constance nécessaire pour exercer une activité sportive dans la durée, en résistant à la tentation de tout abandonner à la première difficulté ? Les gymnases et les centres sportifs regorgent de "visiteurs occasionnels" : beaucoup de gens s'inscrivent après les vacances ou avant la répétition des costumes et résistent, enfin, pendant un mois rare. Aborder le sport de manière disciplinée signifie avant tout tenir compte de sa condition physique et de ses limites : commencer avec trop d'enthousiasme et avec une énergie que nous ne pourrons pas maintenir longtemps est l'une des principales raisons qui nous poussent à abandonner. Nous établissons, peut-être avec l'aide d'un coach, un programme réaliste adapté à nos besoins et à nos objectifs : si nous sommes clairement en surpoids, le but ne sera guère d'avoir des biceps sculptés : commençons une étape à la fois.

Nous commençons par perdre ces kilos supplémentaires, puis nous augmentons notre capacité cardio et ensuite nous prenons quelques kilos de plus de muscle et ce n'est qu'à la fin que nous pouvons penser au résultat esthétique que nous désirions tant. Beaucoup de gens n'aiment pas l'idée de faire une activité physique constante : que pouvez-vous faire pour rendre cet engagement moins onéreux ? Une idée pourrait être de faire de l'activité physique le matin, en se changeant les idées comme si c'était une mauvaise dent : nous ressentirons cette agréable et satisfaisante sensation de fatigue physique qui nous accompagne toute la journée. Ceux qui ne s'intéressent pas à la forme physique trouveront cela absurde, mais l'activité physique crée une dépendance : après un certain temps d'entraînement constant, notre corps activera des mécanismes qui nous inciteront à rechercher l'activité physique ! A ce stade, c'est fait !

Lectures recommandées

Comme nous le savons, le web est aujourd'hui une formidable ressource pour trouver des informations utiles sur tous les sujets : en très peu de temps, vous pouvez trouver une quantité infinie de contenus, quel que soit votre intérêt. Mais, comme vous le savez sûrement, le web peut être un miroir aux alouettes au cas où vous ne disposeriez pas de bons outils culturels pour filtrer les informations en fonction de celles qui sont peu fiables et trompeuses. L'Internet regorge d'informations sur l'épanouissement personnel : sites, blogs, pages sociales, chaînes YouTube, vous pouvez trouver toutes sortes de gourous qui vous conseillent sur la manière d'accroître votre estime de soi, vos performances professionnelles, votre intelligence émotionnelle, l'autodiscipline ne faisant évidemment pas exception. Certaines de ces sources sont valables et sérieuses, d'autres le sont beaucoup moins. C'est pourquoi nous avons sélectionné une petite bibliographie de livres qui pourraient être utiles et inspirants pour ceux qui veulent entreprendre un cheminement personnel dans le but d'atteindre une plus grande autodiscipline.

Le club de 5h du matin : commencez la journée tôt, changez votre vie" de Robin Sharma.
Robin Sharma est un auteur canadien célèbre dans le monde entier pour ses livres sur la croissance et

l'épanouissement personnel, dont beaucoup se sont révélés être des best-sellers. Le thème central de ce texte est l'importance d'acquérir certaines habitudes afin d'apprendre à être plus productif : l'auteur souligne notamment la grande importance de se lever le matin, en profitant des premières heures de la journée. Se lever tôt le matin, même à 5 heures, est un gage de plus grande productivité et d'une meilleure utilisation de la journée : consacrer la première partie de la matinée, lorsque la majeure partie du reste du monde dort ou n'est de toute façon pas opérationnelle à 100 %, à la méditation devant une tasse de thé ou à une activité physique modérée nous aide à améliorer nos compétences et, plus généralement, à améliorer la qualité de notre vie.

Habituer notre corps à être opérationnel à partir de ces heures peut sembler fou à première vue, surtout pendant les mois d'hiver où il fait encore nuit noire à cette heure, mais après avoir passé le traumatisme initial et sa transformation en routine, nous allons augmenter la charge d'activité quotidienne que nous sommes capables d'effectuer et nous pourrons ainsi consacrer au repos ces heures en fin de journée , cependant, gênés par des distractions ou même simplement par la fatigue, nous ne pourrions pas donner le meilleur de nous-mêmes. Bien démarrer est la première étape pour mener à bien vos projets, alors pourquoi ne pas faire un effort pour prendre un bon départ tous les jours ? En revanche, le matin a de l'or dans la bouche !

"Grit. La force de la passion et de la persévérance" par Angela Duckworth

Ce livre identifie dans la force d'esprit et la persévérance les ingrédients réels et uniques qui sont fondamentaux pour le succès, évinçant ainsi ce qui a toujours été considéré par la plupart d'entre nous comme l'élément principal de l'épanouissement personnel : le talent. L'auteur du livre, en plus d'analyser le "cran" et la détermination d'un point de vue purement scientifique et de rapporter les résultats de recherches récentes sur différents types de performances, enrichit le texte avec les témoignages de dizaines de personnes qui grâce à leur ténacité, leur détermination et leur persévérance, ils ont obtenu le succès qu'ils souhaitaient, comme Pete Carroll, célèbre entraîneur de football américain, ou Bob Mankoff, rédacteur en chef du New Yorker. Mais le message le plus intéressant que ce livre transmet éventuellement est le suivant : il faut toujours chérir les échecs et les défaillances afin d'aspirer à un véritable et authentique épanouissement personnel.

"Le pouvoir des habitudes : comment elles se forment, comment elles nous affectent, comment les changer" par Charles Duhigg

Avec cet intéressant essai, le journaliste américain Charles Duhigg aborde le sujet délicat et complexe des habitudes. En nous offrant un aperçu général des connaissances psychologiques et neurologiques actuelles sur le sujet, l'auteur explique la dynamique qui sous-tend la création d'habitudes, afin de développer un plus grand contrôle sur ces dernières et aussi pour qu'on puisse utiliser cette grande capacité innée à notre avantage en identifiant les mérites incontestables mais aussi les problèmes potentiels. Les habitudes sont des réactions plus ou moins inconscientes que notre cerveau stocke et met en œuvre dans un processus automatisé, afin de donner une réponse à un stimulus physique, émotionnel ou mental. Notre esprit agit ainsi dans le but d'économiser l'énergie et de nous permettre de mettre en œuvre des réactions qui résolvent rapidement une situation connue. L'auteur nous met en garde : les habitudes peuvent se transformer en véritables points faibles, qui nous empêchent d'affronter un problème de front, voire en engendrent pires.

Cependant, il ne faut pas considérer les habitudes comme une condamnation : il est possible, avec de l'engagement, de sortir de leur cercle vicieux : l'auteur cite l'exemple de Mandy, une jeune fille qui, incapable d'arrêter de se ronger les ongles, se tourne vers un psychothérapeute ; en suivant ses indications, elle pourra arrêter de répéter le geste grâce à une "réponse concurrente", c'est-à-dire que lorsqu'elle aura senti l'impulsion de se ronger les ongles, elle aura mis ses mains dans sa poche en serrant les poings.

"La règle des 5 secondes" par Mel Robbins
L'auteur de ce texte raconte comment, à un moment de grande difficulté personnelle, a développé un mécanisme particulier de réaction aux événements de la vie : une fois les bénéfices obtenus, il a décidé de

partager avec le monde sa recette pour résoudre les problèmes, petits ou grands. Le compte à rebours de 5 à 1 est un "stratagème" qui nous permet de rompre l'habitude d'hésiter et de douter du succès de ce que nous avons à faire et nous oblige à nous concentrer uniquement sur l'action à entreprendre, indépendamment des insécurités qui nous tourmentent et nous empêchent d'avancer ; agir sans hésitation chaque jour avec courage et conscience, augmente notre estime de soi et nous garantit, avec le temps, de faire de nouvelles expériences, et nous allons probablement comprendre que nous n'avons fait que rêver parce que nous ne nous sommes jamais considérés comme dignes. De plus, se concentrer sur les pensées positives en dépit des pensées négatives nous aide à vaincre l'anxiété et, petit à petit, cela nous rendra plus confiants en nous-mêmes et dans le succès de nos actions ; nourrir les relations sociales en ayant plus de courage pour dire ce que nous pensons nous aide à rendre les relations avec les personnes que nous fréquentons chaque jour de plus en plus authentiques et profondes. Ce sont en partie les ingrédients de la règle des 5 secondes, qui nous permet de donner une coupe nette à une vie limitée par l'hésitation, le regret et la stagnation.

"Mindset. Changer les mentalités pour réussir" par Carol Dweck

Avec ce texte, l'auteur s'attarde sur le problème de la staticité mentale, une attitude qui peut sembler inoffensive mais qui, en réalité, influence négativement notre processus d'interprétation, le rendant extrêmement répétitif et limité. Le livre offre des exemples de certaines manières stériles et improductives de faire les choses, et souligne que celles-ci ont pour dénominateur commun une hâte excessive à juger et à laisser les problèmes derrière soi le plus rapidement possible. Si, au contraire, nous nous habituions à penser et à tout gérer avec une approche aussi dynamique que possible et à analyser chaque situation sous de multiples perspectives, nous obtiendrions une façon de faire beaucoup plus efficace et positive, car cela permettrait un apprentissage continu et la recherche de solutions de plus en plus constructives.

Conclusion

"La volonté aussi traverse les rochers." - Proverbe japonais

L'autodiscipline, comme nous l'avons répété à maintes reprises au cours de la discussion, consiste à pouvoir poursuivre ses objectifs personnels avec persévérance et conviction, en apprenant à ne pas être soumis à des conditionnements extérieurs et intérieurs : la volonté ne sera pas mesurable aussi précisément et clairement que la performance d'un biceps, mais elle est tout aussi entraînable et renforçable ; son renforcement peut ouvrir la voie à des résultats que nous ne pouvons même pas imaginer ! Le renforcement de votre autodiscipline vous permettra d'atteindre vos objectifs personnels, de travailler dur même lorsque vous êtes fatigué ou de mauvaise humeur, en gardant une concentration constante jusqu'à ce que vous atteigniez votre but.

Grâce à l'autodiscipline, vous pouvez établir de manière décisive votre contrôle sur le cours des événements de votre vie, du moins en ce qui concerne ce que vous pouvez contrôler de manière réaliste. La maîtrise de soi est une condition essentielle pour devenir résistant, pour être résistant à l'adversité et réagir à la déception avec positivisme, sans jamais être dépassé. Il est inévitable qu'il y ait une composante de caractère sous-jacente qui conditionne l'attitude que nous adoptons envers les événements, les autres personnes et la vie en général : nous savons tous que, dès leur plus jeune âge, les enfants manifestent leurs propres particularités de caractère, avant même d'apprendre à parler ou de développer une pensée structurée.

Il n'est pas encore clair quels sont les facteurs qui déterminent le caractère d'une personne, ni en tout cas quelle est l'incidence des différents éléments que nous supposons être déterminants dans la délimitation des traits de caractère : génétique, environnement, vie intra-utérine, traumatisme, stimuli externes ; nous ne sommes certes pas totalement dans le noir, notamment grâce aux incroyables découvertes de ces dernières décennies, mais nous sommes encore loin de définir une image claire et définitive. Certaines personnes naissent avec une force intérieure et une détermination si écrasante qu'il est souvent difficile de comprendre d'où elle vient ! Mais la voie du succès et de l'épanouissement personnel n'est pas seulement réservée à ceux qui sont doués de dons naturels particuliers ; même si nos caractéristiques de caractère nous font apparemment faibles et peu coopératifs, peu affirmés et indécis, nous ne devons pas abandonner !

Nous possédons tous une force intérieure qui ne demande qu'à être éveillée et guidée jusqu'à son expression maximale : ne laissez pas la chance ou le hasard déterminer votre destin, prenez votre vie en main et dirigez-la où vous voulez ! Cette affirmation semble paradoxale à certains égards, mais l'éducation à l'autodiscipline, à la maîtrise de soi, à la pleine possession de soi s'est avérée être la principale voie vers la véritable liberté : la liberté de se libérer des vices, de la faiblesse, de la dissipation de sa propre énergie, de la confusion mentale, du hasard, des autres. La capacité de diriger toutes nos ressources vers la réalisation d'un objectif précis que nous savons être, pour nous, le plus satisfaisant, peut être considérée comme l'une des plus grandes expressions de liberté que l'homme puisse mettre en œuvre.

L'autodiscipline n'est pas constituée d'une série de préceptes, de règles fixes ou de contenus spécifiques auxquels nous devons scrupuleusement adhérer : nous devons la comprendre avec une attitude que chacun de nous façonnera en fonction de ses besoins personnels, de ses spécificités de caractère, de ses ambitions. En fonction de nos objectifs personnels, nous l'appliquerons, en fait, de la manière que nous trouvons la plus utile et la plus agréable. L'important est que nous soyons toujours en mesure de nous contrôler, que chacune de nos actions ou réactions soit soumise à un examen minutieux, au contrôle vigilant de notre conscience et de notre rationalité ; et si nous pensons que notre comportement est mauvais ou nuisible, nous devons acquérir la force nécessaire pour le contrecarrer ou en tout cas le gérer de la meilleure façon possible. Nous pouvons, métaphoriquement, considérer la vie comme une très longue course : nous n'avons pas demandé à participer, nous n'avons pas rempli de formulaire d'inscription et pourtant nous sommes dans la course. À ce stade, nous pouvons choisir entre deux options différentes : nous asseoir au bord de la piste et regarder les autres participants faire la course ou relever le défi et participer à la course.

L'auteur conseille...

Pendant que vous discutiez avec quelqu'un, vous êtes-vous jamais demandé quelles étaient ses réelles intentions ?

Eh bien ! Vous n'êtes pas seul... tôt ou tard, nous avons tous eu des doutes sur une certaine personne à un moment donné. Imaginez-vous combien votre vie pourrait être différente si vous aviez la capacité de reconnaitre avec certitude si quelqu'un est en train de vous mentir ou de dire la vérité.

Grâce à ce livre, vous découvrirez comment analyser de la tête aux pieds la personne à qui vous avez affaire et comment interpréter correctement les signaux involontaires de son langage corporel.

Vous apprendrez comment déchiffrer notre langage secret, celui qui ne ment jamais, même si les autres essaient de dissimuler leurs intentions.

En effet, même les moindres mouvements revêtent un sens. En lisant ce livre, vous découvrirez comment déchiffrer ces signaux enfouis et invisibles afin d'obtenir un avantage énorme lors de la communication quotidienne. Vous réussirez à comprendre instantanément ce que pensent les autres, rien qu'en observant la position dans laquelle ils se trouvent ou en écoutant le timbre de leur voix !

Par ailleurs, grâce à cette connaissance, vous pourrez avoir recours au langage corporel pour nouer des amitiés, instaurer des rapports approfondis, passer avec succès tout entretien d'embauche, et accroître votre niveau d'énergie **(surtout si vous vous sentez fatigué ou abattu).**

Voici ce que vous découvrirez à l'intérieur de "Langage Corporel" :

- Quels sont les détails auxquels prêter attention lors d'une conversation ?
- Comment analyser les gestes, les émotions et les expressions involontaires des personnes
- Les techniques utilisées par les psychologues et les psychothérapeutes pour comprendre instantanément avec quel type de personnalité vous avez affaire
- Comment parvenir à convaincre les autres à vous rendre des services d'une façon éthique, simplement au moyen du langage corporel
- Comment comprendre ce que les autres pensent de vous, en déchiffrant les micro-expressions de leur visage
- Comment corriger votre attitude et faire meilleure impression, avec qui que ce soit
- Comment se comporter lors d'un rendez-vous amoureux et établir avec certitude si un(e) homme/femme s'intéresse à vous
- Comment démasquer un menteur en quelques secondes...

L'objectif de ce livre est de donner des conseils **PRATIQUES** et **APPLICABLES** sur la communication non verbale, par l'entremise des meilleures stratégies utilisées encore aujourd'hui par les psychologues les plus célèbres du monde. Vous y trouverez les techniques, les exemples et les exercices qui vous transformeront en un maître de la communication, même si vous partez de zéro.

Que vous soyez un employé, un dirigeant, un entrepreneur, un enseignant, un médecin ou même simplement un parent, ce livre vous sera utile pour prendre le contrôle de vos interactions et améliorer vos relations professionnelles ou personnelles.

Pour en savoir plus, encadrez le code QR suivant avec l'appareil photo de votre smartphone.

Psychologie Sombre: Manuel de Persuasion Avancée et de Manipulation Mentale : comment engager, convaincre et persuader

Voici comment convaincre les autres à faire ce que vous souhaitez, sans que personne ne s'en aperçoive ! ...

Dans ce livre, vous trouverez toutes les techniques spécifiques et les méthodes pratiques pour persuader, guider et contrôler l'esprit des personnes. Obtenir ce que vous voulez des autres n'est pas seulement possible mais facile et beaucoup plus rapide à apprendre que vous ne le pensez.

La majorité des livres sur cette matière promet on ne sait combien de trucs infaillibles de contrôle mental. **«Psychologie Sombre»**, au contraire ne contient que des méthodes prouvées scientifiquement, empruntées auprès des chercheurs, des négociateurs et des marketeurs reconnus comme étant les meilleurs au monde.

Depuis la nuit des temps, en effet, les êtres humains essaient de s'influencer les uns les autres. En se basant sur près **de vingt ans de recherches auprès des meilleurs spécialistes de psychologie**, ce livre vous démontrera comment changer complètement les opinions des personnes grâce à des manœuvres mentales subliminales et invisibles.

Vous obtiendrez une connaissance de la psychologie humaine que peu de personnes possèdent et c'est cette « **superpuissance** » qui permet aux personnes à succès d'obtenir non seulement ce qu'elles veulent mais également de l'attirer dans leur vie, sans lever le petit doigt.

Dans **«Psychologie Sombre»**, vous découvrirez :

- Comment contrôler de manière simple et efficace les décisions des autres, sans utiliser la force ou l'arrogance ;
- Comment implanter une idée dans l'esprit de votre interlocuteur, sans qu'il s'en rende compte ;
- Comment analyser et contrôler les comportements des personnes ;
- Comment découvrir les pensées de votre interlocuteur en «lisant »les signaux de son corps et ses réactions ;
- Les techniques pour créer un état mental qui permet aux personnes d'être prêtes à accepter vos idées ;
- La méthode pour devenir irrésistible aux yeux des autres ;
- Les phrases, les mots et les techniques de langage pour persuader et influencer qui que ce soit ;
- Comment communiquer vos idées, votre pensée et vos opinions de façon persuasive et convaincante en toute situation ;

Vous apprendrez à obtenir ce que vous voulez de façon simple, sans pour autant apparaître comme grincheux, manipulateur ou arrogant. Une capacité de persuasion de ce type rendra votre vie incroyablement plus simple parce que vous serez en mesure de comprendre la psychologie humaine même dans ses aspects les plus sombres.

N'attendez pas davantage ! Achetez dès maintenant votre exemplaire de « **Psychologie Sombre** » pour devenir un maître de la persuasion.